100 НЕВЕРОЯТНИ РЕЦЕПТИ ЗА ОМЛЕТ

Лесни и вкусни рецепти за омлет,
за да освежите деня си

Нина Червенкова

© COPYRIGHT 2022 ВСИЧКИ ПРАВА ЗАПАЗЕНИ Този документ е насочен към предоставяне на точна и надеждна информация относно разглежданата тема и проблем. Изданието се продава с идеята, че издателят не е длъжен да предоставя счетоводни, официално разрешени или други квалифицирани услуги. Ако е необходим съвет, правен или професионален, трябва да се поръча опитен специалист в професията.

По никакъв начин не е законно възпроизвеждането, дублирането или предаването на която и да е част от този документ в електронен или печатен формат. Записването на тази публикация е строго забранено и всяко съхраняване на този документ не е позволено, освен с писмено разрешение от издателя. Всички права запазени.

Предупреждение Отказ от отговорност, информацията в тази книга е вярна и пълна, доколкото ни е известно. Всички препоръки се правят без гаранция от страна на автора или публикацията на историята. Авторът и издателят отказват да носят отговорност във връзка с използването на тази информация

Съдържание

ВЪВЕДЕНИЕ 9

РЕЦЕПТИ ЗА ОМЛЕТИ 10

1. Омлет от червен пипер с билки 10
2. Фритата с праз 13
3. Омлет с гъби и чедър 15
4. Омлет със сирене с билки 18
5. Омлет от домати и бекон с фета 20
6. Омлет от просо с нектарини 22
7. Омлети с паста и смесени зеленчуци 25
8. Омлет със спанак и сирене със сьомга 28
9. Пълнен омлет 30
10. Омлети с тиквички 32
11. Омлет със сьомга и краставица 34

12. Гъбен омлет с домати 36
13. Фритата с шунка и рукола 38
14. Киш с козе сирене от тиквички 40
15. Тортила от чушки и картофи 42
16. Омлет Капрезе 45
17. Омлет от кето сирене 47
18. Омлет за закуска 49
19. Омлет със сирене и билки 51
20. Омлет със сирене 53
21. Фритата с шунка и фета 55
22. Тортила със спанак 57
23. Омлет с лук и маслини 59
24. Испанска картофена тортила 61
25. Омлет с пълнеж от фета 64
26. Кус-кус салата с ягоди 66
27. Омлет с водорасли 69
28. Омлет със спанак и аспержи 71
29. Омлет с бекон 74
30. Тортила от тиквички и пипер 76
31. Италиански омлет с грах 78
32. Картофен омлет по испански 80
33. Омлет със сирене 83

34. Доматен омлет с овче сирене 84
35. Омлет с фета и зеленчуци 87
36. Фритата с тиквички 89
37. Омлети с праз и бекон 91
38. Омлет с манго 93
39. Тортила от чушки и картофи 95
40. Омлети с тиквички 98
41. Омлети със зеленчуци, крутони и тофу 100
42. Разядка с шунка и омлет 102
43. Зеленчуков омлет 104
44. Омлети с плодове 106
45. Омлет от патладжан 108
46. Омлет със стриди 110
47. Ориз с омлет, бекон и цикория 112
48. Омлет с боб и шунка 115
49. омлет рулада 117
50. Свински омлет 119
51. Омлет с ориз и месо 121
52. Омлет от карфиол 123

53. омлет с рикота и пармезан 125

54. Картофен омлет 127

55. омлет със сирене и соев сос 129

56. Пуешка руладина, омлет и спанак 131

57. Омлет с бекон, картофи и аспержи 135

58. Омлет с крутони и бобови кълнове 137

59. Омлет с броколи, шунка и крутони 139

60. Свински котлет с омлет, ориз и царевица 141

61. Френски омлет 144

62. Омлет с картофи, аспержи и сирене 146

63. Омлет с картофи, аспержи и сирене 148

64. Омлет с тофу 150

65. Телешки омлет 152

66. Омлет с пилешки дробчета 154

67. Омлет със скариди и гъби 156

68. Тортила с омлет 158

70. Омлет със салам и лук 160

71. Телешки омлет 162

72. Омлет със сирене и броколи 165

73. Омлет в хляб с бекон и билки 167

74. омлет със смръчкули и спанак 169

75. омлет със скариди и гъби 171

76. Марокански омлет 174

77. Омлет от козе сирене с босилек 176

78. Омлет от див чесън 178

79. Омлет с шунка и сирене 180

80. Котидж омлет 183

81. Картофен омлет със сирене 185

82. омлет с лисички 187

83. омлет със скариди 191

84. Омлет с пълнеж от фета 193

85. омлет с плодове 195

86. Спагети омлет 197

87. Билков омлет 199

88. Градински пресни омлети 201

89. Тост с авокадо и омлет 204

90. Омлет от тиквички с билки 206

91. Пълнозърнест хляб с омлет и печен боб 208

92. Омлет от аспержи и шунка с картофи и 210

магданоз 210

93. Омлет с козе сирене с рукола и домати 213

94. Омлет със сирене и билки 215

95. Омлет с риба тон 217

96. Омлет с кюфте 219

97. Здравословен омлет 221

98. Пица омлет 223

99. Омлет с ябълки и бекон 225

100. Веган омлет 226

ЗАКЛЮЧЕНИЕ 227

ВЪВЕДЕНИЕ

Омлетът е кулинарен продукт, приготвен от цели яйца, които са били разбити и сготвени в тиган (сотирани). Това НЕ е обикновен омлет, сгънат или навит на сам по себе си, а по-скоро продукт с много различна форма и консистенция (различна между външната страна и сърцевината на храната).

Оригиналната рецепта за омлет е френска, както подсказва името.

Хранителният прием на омлета варира в зависимост от формулировката; на практика омлетът може да бъде съставен от: яйца, животински съставки, зеленчуци и мазнини от подправки. Смилаемостта варира значително от един препарат до друг, въпреки че (средно) този метод на готвене се счита за един от най-добрите.

РЕЦЕПТИ ЗА ОМЛЕТИ

1. Омлет от червен пипер с билки

- Приготвяне: 10 мин
- готвене за 20 мин
- порции 2 **съставки**

- 4 яйца
- сол

- пипер
- 2 шепи смесени билки (напр. босилек, магданоз, мащерка, копър)
- 100 г нахут (чаша; отцеден грамаж)
- 1 червена или зелена чушка
- 1 жълта чушка
- 2 супени лъжици зехтин
- 75 г пекорино или друго твърдо сирене

Подготвителни стъпки

1. Яйцата се разбиват, овкусяват се със сол и черен пипер и се разбиват добре. Измийте билките, разклатете ги и ги нарежете наполовина. Добавете нарязаните билки към яйчената смес.
2. Отцедете нахута, изплакнете и отцедете добре. Почистете, измийте, разполовете и нарежете чушките на ивици. Загрейте 1 супена лъжица зехтин в тиган, добавете нахута и лентите червен пипер и запържете на среден огън за 3-5 минути,

като обръщате. Сол и черен пипер и оставете настрана. Настържете ситно пекориното.

3. Загрейте ½ супена лъжица зехтин в друг малък тиган. Добавете половината от яйчената смес и покрийте цялото дъно на тавата. Покрийте и оставете да престои на слаб огън за около 5-7 минути. Поставете половината от зеленчуците и половината от сиренето от едната страна на омлета. Сгънете омлета и го поставете в чиния. Направете същото и за втория омлет.
4. Накъсайте грубо останалите билки и ги разпределете върху омлетите. Сервирайте веднага.

2. Фритата от праз

- Приготвяне: 15 минути
- готвене за 25 мин
- порции 4 **съставки**

- ½ ядки пресен лук
- 1 шепа пресни билки (напр. копър, магданоз, кориандър)
- 2 супени лъжици зехтин
- 8 яйца

- 50 мл бита сметана
- 20 г пармезан (1 бр.)
- сол
- пипер
- 50 г рукола

Подготвителни стъпки

1. Почистете и измийте пресния лук и нарежете на диагонални ивици. Измийте билките, разклатете подсушете, откъснете и грубо нарежете.
2. Загрейте олиото в голям тиган с незалепващо покритие (или два малки тигана) и задушете пресния лук за 3-4 минути, докато стане прозрачен. Пармезанът се настъргва на ситно. Разбийте яйцата със сметаната, билките и пармезана. Подправете със сол и черен пипер. Изсипете върху пресен лук, разбъркайте за кратко и оставете да втаса на слаб огън за прибл. 10 минути (не бъркайте повече). Когато долната страна се запече, разрежете с шпатула на 4 части. Печете и от втората страна за 2-3 минути до златисто кафяво.

3. Измийте ракетата и разклатете подсушете. Сервирайте фритата гарнирана с рукола и поръсена с пармезан по желание.

3. Омлет с гъби и чедър

- Приготвяне: 25 мин
- порции 4 **съставки**
- 300 г кафяви гъби

- 1 шалот
- 2 супени лъжици зехтин
- сол
- пипер
- 8 яйца
- 100 мл мляко (3,5% маслености)
- 1 щипка куркума на прах
- 90 сирене чедър (3 филийки)
- 10 г кервиз (0,5 връзка)

Подготвителни стъпки

1. Почистете гъбите и ги нарежете на филийки. Обелете и нарежете на ситно шалот. Загрейте 1 супена лъжица зехтин в тиган. Добавете гъби и шалот и задушете за 3-4 минути на среден огън. Овкусете със сол и черен пипер, извадете от тигана и оставете настрана.

2. Разбийте яйцата с млякото. Подправете с 1 щипка куркума, сол и черен пипер. Намажете намазан тиган с малко олио, добавете 1/4 от яйчената смес и разбъркайте, за да се разпредели равномерно. Отгоре се нареждат 1/4 от запържените гъби. Гответе омлета на

среден огън за 2-3 минути и го оставете да покафенее леко.
3. Накъсайте 1/4 от чедъра на парчета, покрийте омлета с него, извадете от тигана и го оставете на топло в предварително загрята фурна на 80 ° C. С останалата част от яйчената смес, останалите гъби и чедъра изпечете 3 още омлети по същия начин и ги дръжте топли.
4. Измийте кервиза, разклатете го подсушете и откъснете листата. Гарнирайте омлетите с връхчета черен пипер и кервиз и сервирайте.

4. Омлет със сирене с билки

- Приготвяне: 5 мин
- готвене за 20 мин
- порции 4 **съставки**

- 3 стръка кервиз
- 3 стръка босилек
- 20 г пармезан
- 1 шалот
- 8 яйца
- 2 с. л. сирене крем фреш
- 1 супена лъжица масло
- 150 г овче сирене
- сол

- пипер

Подготвителни стъпки

1. Измийте кервиза и босилека, разклатете ги и ги нарежете на едро. Настържете пармезана. Обелете и нарежете на ситно шалот. Разбийте яйцата с крем фреша, пармезана, керевиз и половината босилек.
2. Разтопете маслото в огнеупорен тиган, запържете шалота в него, изсипете яйцата и върху него натрошете фетата. Пече се в предварително загрята фурна на 200° за около 10 минути до зачервяване.
3. Извадете от фурната, подправете със сол, черен пипер и сервирайте поръсени с останалия босилек.

5. Омлет от домати и бекон с фета

- Приготвяне: 15 минути
- порции 2 **съставки**

- 8 чери домати
- 1 червена чушка чили
- 50 г тънко нарязан бекон за закуска
- 5 яйца
- 100 ml мляко без лактоза 1,5% масленост
- сол
- пипер
- 100 г кашкавал

- 2 ч.ч масло
- 1 шепа босилек

Подготвителни стъпки

1. Измийте и разполовете доматите. Измийте чилито, разрежете го наполовина, почистете го от сърцевината и нарежете на много тесни ивици. Нарежете бекона на ленти с ширина около 4 см. Яйцата се разбиват с млякото, овкусяват се със сол и черен пипер. Подсушете кашкавала и го нарежете на кубчета.
2. В тиган с незалепващо покритие се запържва половината бекон, след което се добавя 1 чаена лъжичка масло и се разтопява. Залейте с половината от яйчената смес и докато е още мека, добавете половината от доматите и ивиците чили. Поръсете с половината количество сирене и босилек и оставете яйцето да стегне.

3. Плъзнете омлета върху чиния и сервирайте.
4. Обработете останалите съставки във втори омлет.

6. Омлет от просо с нектарини

- Приготвяне: 20 мин
- готвене за 40 мин
- порции 2 **съставки**

- 40 г просо
- 2 яйца (m)

- 10 г цяла тръстикова захар (2 чаени лъжички)
- 1 щипка сол
- 150 г ванилово кисело мляко (3,5% масленост)
- 2 супени лъжици пулп от праскова
- 250 г нектарини (2 нектарини)
- 2 супени лъжици слънчогледово масло

Подготвителни стъпки

1. Оставете 75 мл вода да заври, поръсете просото и разбъркайте. Намалете котлона веднага и варете просото захлупено на най-слаб огън за 7 минути, като разбърквате добре няколко пъти. Махнете тенджерата от котлона и покрийте зърната за още 12 минути. Оставете да изстине.
2. В купа се слагат яйцата, захарта и щипка сол и се разбиват с бъркалка. Разбъркайте охладеното просо.

3. Сложете ваниловото кисело мляко и пулпата от праскова в купа и разбъркайте до гладкост.
4. Измийте нектарините, подсушете, нарежете на две и почистете от костилките. Нарежете пулпата на тънки клинове.
5. Загрейте олиото в тиган с покритие. Изсипете просеното тесто и печете около 4 минути на среден огън. Обърнете омлета и запечете другата страна за 4-5 минути до златисто кафяво.
6. Подредете омлета с просо с прасковено кисело мляко и резени нектарини и сервирайте.

7. Омлети с паста и смесени зеленчуци

- Приготвяне: 30 мин
- готвене за 1 час
- порции 4 **съставки**

- 150 г замразен грах
- 1 червен червен пипер
- 150 г царевица (отцедена грамаж; консерва)
- 350 г пълнозърнесто пене

- сол
- 1 шалот
- 1 скилидка чесън
- зехтин
- 20 г пармезан (1 бр.)
- 5 г магданоз (0,25 връзка)
- 100 мл мляко (3,5% маслености)
- 50 мл бита сметана

Подготвителни стъпки

1. Размразете граха. Чушките се измиват, разполовяват, отстраняват се семките и белите вътрешни стени и се нарязват на тесни, малки ленти. Изсипете царевицата в цедка, изплакнете я със студена вода и я отцедете добре.

2. Макароните се сваряват във вряща подсолена вода според указанията на опаковката, отцеждат се, изплакват се със студена вода и се отцеждат добре.

3. Обелете и нарежете на ситно шалота и чесъна. Загрейте 2 супени лъжици олио в силен, огнеупорен тиган и задушете шалот и чесън в него на умерен огън, докато станат прозрачни. Добавете зеленчуците,

задушете за кратко и разбъркайте пастата. Пармезанът се настъргва на ситно. Измийте магданоза, разклатете го и нарежете грубо. Яйцата се разбиват с млякото, сметаната и сиренето, овкусяват се със сол и черен пипер, разбъркват се с магданоза и се заливат с макаронената смес.

Оставя се за кратко да стегне и се пече в предварително загрята фурна на 200°C за 10-15 минути до края. Извадете, обърнете и сервирайте нарязани на парчета.

8. Омлет от спанак и сирене със сьомга

- Приготвяне: 20 мин
- готвене за 45 мин
- порции 2 **съставки**

- 1 малка глава лук
- 200 г филе от сьомга
- 200 г моцарела
- 200 г спанак
- 5 яйца
- 2 супени лъжици мляко
- 1 ч.ч масло
- сол

- пипер

Подготвителни стъпки

1. Обелете лука и го нарежете на ситно. Измийте сьомгата, подсушете и нарежете на кубчета. Нарежете моцарелата на филийки. Измийте спанака и го подсушете.
2. Разбийте яйцата и млякото в купа. Загрейте маслото в огнеупорен тиган и задушете лука на среден огън за 2 минути. Изсипете яйцата, овкусете със сол и черен пипер и отгоре наредете спанака, сьомгата и моцарелата.
3. Печете всичко в предварително загрята фурна на 180°C за около 20-25 минути, докато яйцето се свари и сместа стегне.

9. Пълнен омлет

- Приготвяне: 20 мин
- готвене за 35 мин
- порции 4 **съставки**

- 40 г рукола (1 шепа)
- 300 г чери домати
- 10 г див лук (0,5 връзка)
- 8 яйца
- 4 супени лъжици газирана минерална вода
- сол
- пипер
- индийско орехче

- 4 супени лъжици слънчогледово масло
- 150 г натрошено крема сирене

Подготвителни стъпки

1. Измийте ракетата и изсушете в центрофуга. Измийте доматите и ги нарежете на две. Измийте дивия лук, разклатете го и го нарежете на колелца.
2. Разбийте яйцата с водата и дивия лук и овкусете със сол, черен пипер и прясно настъргано индийско орехче.
3. Загрейте 1 чаена лъжичка слънчогледово олио в тиган с незалепващо покритие и добавете 1/4 от млякото. Запържете за 2 минути на умерен огън, обърнете и довършете след още 2 минути. Извадете и оставете на топло в предварително загрята фурна на 80°C. Изпечете още 3 омлета по този начин.
4. Поставете омлетите в 4 чинии и напълнете с крема сирене, домати и

рукола. Подправете със сол и черен пипер и разбийте.

10. Омлети с тиквички

- Приготвяне: 25 мин
- порции 4 **съставки**

- 10 яйца
- 50 мл овесена напитка (овесено мляко)
- 2 супени лъжици прясно нарязан босилек
- сол

- пипер
- 2 тиквички
- 250 г чери домати
- 2 супени лъжици зехтин

Подготвителни стъпки

1. Разбийте яйцата с овесената напитка и босилека. Подправете със сол и черен пипер.
2. Измийте, почистете и нарежете тиквичките на парчета. Измийте и разполовете доматите. Зеленчуците се разбъркват рохко, овкусяват се със сол, черен пипер и се задушават за 1/4 минути всеки в малко сгорещено олио. Изсипете 1/4 от яйцата върху всяко, разбъркайте и пържете за 4-5 минути до златисто кафяво и оставете да стегне. Изпечете и 4-те омлета по този начин и сервирайте.

11. Омлет със сьомга и краставица

- Приготвяне: 10 мин
- готвене за 22 мин
- порции 4 **съставки**

- 120 г резени пушена сьомга
- ½ краставица
- 3 стръка магданоз
- 10 яйца
- 50 мл бита сметана
- сол
- пипер
- 4 ч.л рапично масло

Подготвителни стъпки

1. Нарежете сьомгата на лентички. Измийте, почистете и нарежете краставицата. Измийте магданоза, подсушете и нарежете на ситно.
2. Разбийте яйцата със сметаната и 2 с. л. магданоз. Подправете със сол и черен пипер.
3. Изсипете 1 чаена лъжичка олио в горещ, намазан тиган. Изсипете 1/4 от яйцето и оставете да стегне бавно за 2-3 минути на умерен огън. Прегънете и поставете върху чиния с няколко резена краставица.
4. Изпечете и четирите омлета по този начин, покрийте със сьомгата и сервирайте поръсени с останалия магданоз.

12. Гъбен омлет с домати

- Приготвяне: 20 мин
- порции 4 **съставки**

- 1 глава пресен лук
- 100 г гъби
- 1 малък домат
- 1 супена лъжица рапично масло
- сол
- пипер
- 1 яйце (размер I)
- 1 супена лъжица газирана минерална вода
- 45 г пълнозърнест тост (1,5 филия) **Стъпки на приготвяне**

1. Измийте и почистете пресния лук и нарежете на фини колелца. Почистете гъбите, почистете с четка и нарежете на филийки.
2. Измийте домата, отстранете дръжката и го нарежете на филийки.
3. Загрейте олиото в тиган с покритие. Запържете в него на умерен огън пресния лук и гъбите. Посолете и поръсете с черен пипер и продължете да пържите за 3-4 минути, като обръщате често на среден огън.
4. Сложете яйцето с щипка сол и минерална вода в малка купа и разбийте с бъркалка.
5. Зеленчуците в тигана се заливат с разбитото яйце и се оставят за 3-4 минути.
6. Междувременно препечете хляба и го наредете с резенчета домат. Плъзнете омлета от тигана върху хляба и сервирайте.

13. Фритата с шунка и рукола

- Приготвяне: 20 мин
- готвене за 35 мин
- порции 4 **съставки**

- 90 г сурова шунка (6 филийки)
- 80 гр рукола (1 връзка)
- 20 г пармезан (1 бр.)
- 10 яйца
- 200 мл мляко (1,5% маслености)
- сол
- пипер
- 50 г заквасена сметана

5 г масло (1 чаена лъжичка)

Подготвителни стъпки

1. Нарежете на четвъртинки резените шунка. Измийте ракетата и изсушете в центрофуга. Настържете пармезана и отделете 1 ч.л.
2. Разбийте яйцата с млякото и овкусете със сол и черен пипер. Разбъркайте заквасената сметана и пармезана.
3. Загрейте маслото в голям огнеупорен тиган. Добавете 1/3 от яйчената смес и покрийте с половината шунка и рукола. Отгоре сложете още 1/3 от яйчената смес, покрийте с останалата шунка и рукола и завършете с останалата яйчена смес.
4. Оставете фритата да престои в предварително загрята фурна на 200 °C за около 12-15 минути.
5. Нарежете фритата на парчета, разпределете в 4 чинии и поръсете с останалия пармезан, който сте отделили.

14. Киш с козе сирене от тиквички

- Приготвяне: 30 мин
- готвене за 50 мин
- порции 4 **съставки**

- 2 тиквички
- 8 яйца
- 150 ml бита сметана с най-малко 30% съдържание на мазнини
- сол
- пипер от мелницата
  индийско орехче

- 2 супени лъжици зехтин
- 1 скилидка чесън
- 150 г руло с козе сирене

Подготвителни стъпки

1. Загрейте фурната до 200 ° C горна и долна топлина. Измийте и почистете тиквичките и нарежете на тънки филийки. Яйцата се разбиват със сметаната и се подправят със сол, черен пипер и индийско орехче.
2. Загрейте олиото в тиган и запържете шайбите тиквички, като ги обръщате от време на време. Обелете и пресовайте чесъна. Залейте с яйчения крем, разпределете го равномерно и оставете да стегне за кратко.
3. Разполовете козето сирене по дължина и нарежете на тънки филийки. Разпределете това върху фритата и печете в предварително загрята фурна за около 10 минути до златисто кафяво. Сервирайте нарязани на парчета.

15. Тортила от чушки и картофи

- Приготвяне: 30 мин
- готвене за 45 мин
- порции 4 **съставки**

- 700 г набрашнени картофи
- сол
- 1 червена чушка
- 2 домата
- 1 глава лук
- 1 скилидка чесън
- 2 супени лъжици зехтин

пипер

- 8 яйца
- 4 супени лъжици мляко (1,5% масленост)
- 2 клонки мащерка
- 20 г пармезан (1 бр.)

Подготвителни стъпки

1. Картофите се измиват и се варят в подсолена вода за около 20 минути.
2. Междувременно измийте и почистете чушките и нарежете на ивици. Измийте доматите и нарежете на филийки. Лукът и чесънът се обелват и се нарязват на ситно.
3. Отцедете картофите, оставете ги да се изпарят, обелете ги и нарежете на хапки.
4. Загрейте зехтина в огнеупорен тиган. В него запържете кубчетата картофи на умерен огън за около 5 минути, като разбърквате от време на време. Добавете червения пипер, лука и чесъна, овкусете със сол и черен пипер и запържете още 2 минути. Внимателно разбъркайте шайбите домати.

5. Яйцата и млякото се разбиват, овкусяват се със сол, черен пипер и се изсипват в тигана. Разпределете равномерно млякото, като леко завъртите и наклоните тигана и оставете да стегне за 2 минути. Печете в предварително загрята фурна на 180°C за около 15 минути.
6. Междувременно измийте мащерката, подсушете я и откъснете листата. Нарежете пармезана.

   Поръсете и двете върху тортилата.

16. Омлет Капрезе

- Общо време: 5 минути
- Порции 2

съставки

- 2 супени лъжици зехтин
- Шест яйца
- 100 г чери домати, нарязани на половинки или домати, нарязани на филийки
- 1 супена лъжица пресен босилек или сушен босилек
- 150 г (325 мл) прясно сирене моцарела

- сол и черен пипер

Препарати

1. За смесване разбийте яйцата в купа и добавете сол на вкус и черен пипер. Разбийте добре с вилица, докато всичко се смеси напълно.
2. Добавете босилек, след това разбъркайте. Нарежете доматите на половинки или филийки. Накълцайте или нарежете сиренето. В голям тиган загрейте олиото.
3. За няколко минути запържете доматите. Залейте доматите с яйчената смес. Изчакайте и добавете сиренето, докато стане малко твърдо. Намалете котлона и оставете омлета да се втвърди. Веднага сервирайте и се насладете!

17. Омлет от кето сирене

- Общо време: 15 минути,
- Порции 2

съставки

- 75 г масло
- Шест яйца
- 200 г натрошено сирене чедър
- Сол и черен пипер смлян на вкус

Препарати

1. Разбийте яйцата, докато омекнат и станат на лека пяна. Добавете половината от

настърганото сирене чедър и разбъркайте. Сол и черен пипер на вкус.
2. Разтопете маслото в горещ тиган. Изсипете яйчената смес и оставете да престои няколко минути. Намалете котлона и продължете да готвите, докато яйчената смес стане почти готова.
3. Добавете останалото настъргано сирене. Сгънете и сервирайте веднага. Овкусете вашето творение с билки, нарязани зеленчуци или дори мексикански сос.
4. И не се колебайте да приготвите тортилата със зехтин или кокосово масло, за да имате различен вкусов профил.

18. Омлет за закуска

- Общо време: 10,
- Порции: 2 **Съставки:**

- 2 яйца
- 3 белтъка
- 1 супена лъжица вода
- 1/2 чаена лъжичка зехтин
- 1/4 чаена лъжичка сол
- ¼ чаена лъжичка смлян пипер **Приготвяне:**

1. Разбийте яйцата, белтъците, солта, черния пипер и водата в купа до пенливост.

2. Загрейте половината от олиото в тиган на среден огън. Изсипете половината от яйчената смес.
3. Гответе няколко минути, като от време на време повдигате краищата с помощта на шпатула. Сгънете наполовина.
4. Намалете котлона до минимум и продължете да готвите още минута. Повторете процеса за останалата част от яйчената смес.

19. Омлет със сирене с билки

- общо време 20 минути,
- порции 4 **съставки**

- 3 стръка кервиз
- 3 стръка босилек
- 20 г пармезан
- 1 шалот
- 8 яйца
- 2 с. л. сирене крем фреш
- 1 супена лъжица масло
- 150 г овче сирене
- сол

- пипер

Подготвителни стъпки

1. Измийте кервиза и босилека, разклатете ги и ги нарежете на едро. Настържете пармезана. Обелете и нарежете на ситно шалот.
2. Разбийте яйцата с крем фреша, пармезана, керевиз и половината босилек. Разтопете маслото в огнеупорен тиган, запържете шалота в него, изсипете яйцата и върху него натрошете фетата.
3. Пече се в предварително загрята фурна на 200°C за около 10 минути до златиста коричка. Извадете от фурната, подправете със сол, черен пипер и сервирайте поръсени с останалия босилек.

20. Омлет със сирене

- Общо време 30 минути,
- сервиране на 4 **съставки**

- 10 яйца
- 50 мл бита сметана
- 100 г настърган ементалер
- сол
- бял пипер
- 250 г горгонзола
- 4 супени лъжици растително масло Етапи на **приготвяне**

1. Разбийте яйцата със сметаната и ементалера. Подправете с малко сол и черен пипер.
2. Горгонзолата се нарязва на кубчета и се оставя настрана. Загрейте 1 супена лъжица олио в тиган и добавете около 1/4 от яйчената смес.
3. Оставете да стегне на ниска температура за 2 минути, след това сложете 1/4 от горгонзолата в средата и прегънете омлета отдясно и отляво.
4. Запържете още 2 минути, докато се Горгонзолата е течна, а омлетът е златисто кафяв. Изпечете така и 4-те омлета и сервирайте.

21. Фритата с шунка и фета

- Приготвяне: 20 мин
- готвене за 34 мин
- порции 4 **съставки**

- 8 яйца
- 600 гр
- варени картофи
- 1 пръчка праз
- 100 г варена шунка
- 1 червена чушка
- 75 г настъргано пекорино
- сол

пипер от мелницата

2 супени лъжици зехтин

Подготвителни стъпки

1. Загрейте фурната до 180 ° C фурна с вентилатор.
2. Разбийте яйцата. Картофите се обелват и нарязват на малки кубчета. Измийте и почистете праза и го нарежете на фини кръгчета. Нарежете шунката на фини лентички. Измийте, разполовете, почистете и нарежете на кубчета чушките. Смесете яйцата с пекориното, картофите, праза, чушката и шунката. Подправете със сол и черен пипер. Загрейте олиото в огнеупорен тиган, добавете яйчената смес, запържете за 1-2 минути и запечете във фурната за около 12 минути до златисто кафяво.

22. Тортила със спанак

- Приготвяне: 25 мин
- готвене за 40 мин
- порции 4 **съставки**

- 350 г листа спанак
- сол
- 1 червена чушка
- 1 зеленчуков лук
- 2 скилидки чесън
- 50 г бадемови ядки
- 5 яйца
- 100 мл минерална вода черен пипер индийско орехче

- 15 г гхи (избистрено масло; 1 супена лъжица)

Подготвителни стъпки

1. Измийте спанака, подсушете го, бланширайте във враща подсолена вода за 1 минута. Изсипете, загасете със студено, изцедете добре.
2. Измийте, почистете и нарежете чушката.
3. Лукът и чесънът се обелват и се нарязват на ситно. Нарежете бадемите на едро.
4. Разбийте яйцата с минерална вода, подправете със сол, черен пипер и прясно настъргано индийско орехче.
5. Разтопете гхи във висок, устойчив на фурна тиган. Запържете в нея лука и чесъна на среден огън за 1-2 минути, докато станат прозрачни. Добавете червения пипер и спанака и ги залейте с яйчената смес. Добавете бадемите и ги оставете да стегнат за 2 минути.
6. Печете тортилата в предварително загрята фурна на 200 °C за 10-15 минути до златисто кафяво.

    ☐
    ☐
 7. Извадете и сервирайте нарязани на парчета.

23. Омлет с лук и маслини

- Приготвяне: 20 мин
- порции 4 **съставки**

- 5 големи яйца
- 5 супени лъжици мляко
- сол
- прясно смлян пипер

- 2 супени лъжици настърган пармезан
- 2 с. л. нарязан босилек
- 4 с. л. обезкостени маслини, нарязани на ситно

1 червен лук

2 с. л. зехтин

Подготвителни стъпки

1. Смесете яйцата с млякото, солта, черния пипер, пармезана и босилека. Обелете лука и го нарежете на фини лентички.
2. Леко загрейте зехтина в голям тиган. Запържете внимателно лука и маслините в него. Сол и черен пипер. Изсипете яйцата и ги разпределете равномерно в тавата. Оставете да стегне на слаб огън. Обърнете омлета и оставете и другата страна да стегне. Сервирайте навито и хладко.

24. Испанска картофена тортила

- Приготвяне: 45 мин
- порции 6 **съставки**

- 800 г предимно восъчни картофи
- 2 пресни глави лук
- 1 скилидка чесън
- 3 супени лъжици грах (замразен)
- 8 яйца
- сол
- лют червен пипер
- растително масло за пържене

Подготвителни стъпки

1. Картофите се обелват и нарязват на филийки с дебелина 3 мм. Почистете и измийте пресния лук и нарежете на коси кръгчета с нежната зеленина. Чесънът се обелва и нарязва на фини лентички.
2. В огнеупорен тиган с висок ръб загрейте олиото на височина 2-3 см. Достатъчно горещо е, когато от дървената дръжка на лъжица, която държите в нея, се издигнат мехурчета.
3. Картофите се натриват с кухненска кърпа и се слагат в сгорещеното олио. Пържете на умерен огън 7-8 минути, като от време на време ги обръщате.
4. Междувременно разбийте леко яйцата в голяма купа, но не ги разбивайте, докато станат на пяна, и подправете със силна щипка сол и кайенски пипер всяко.
5. Добавете пресния лук и, ако желаете, чесъна към картофите и запържете за 2 минути. Отцедете картофите през цедка, като съберете маслото (може да се

използва повторно), отцедете добре и овкусете със сол.
6. Загрейте 2 супени лъжици от събраното масло в тиган. Смесете картофите и граха с разбитите яйца, изсипете сместа на сгорещено

олио и го запържете на силен огън за 2 минути. Свалете от котлона, покрийте с алуминиево фолио и печете в предварително загрята фурна на 200°C за прибл. 25-30 минути, докато цялото яйце се кошира.
7. Сервирайте горещ.

25. Омлет с пълнеж от фета

- Приготвяне: 40 мин
- порции 2 **съставки**

- 1 шалот
- 4 яйца
- сол
- черен пипер от мелницата
- 4 с. л. сирене крем фреш
- 2 ч. л. горчица
- 2 ч.л лимонов сок
- 2 с. л. ситно нарязан босилек
- 2 супени лъжици масло

- 100 гр
- фета
- босилек

Подготвителни стъпки

1. Обелете и нарежете на ситно шалот. Отделете яйцата. Разбийте белтъците с щипка сол на твърд сняг. Жълтъците се разбиват с 2 супени лъжици крем фреш, горчицата, лимоновия сок и ситно нарязания босилек. Овкусете със сол и черен пипер, добавете белтъците на рохко.
2. Разтопете половината от маслото в тиган с незалепващо покритие. Добавете половината шалот и задушете. Добавете половината от омлетната смес и гответе 6-8 минути, докато долната страна стане златистокафява и повърхността се сгъсти, докато покривате тигана. След това дръпнете тигана от котлона.
3. Намажете омлета с 1 супена лъжица крем фреш и покрийте с половината от натрошената фета, подправете със сол и черен пипер и прегънете омлета с помощта на шпатула.

4. По същия начин изпечете и втория омлет (може и във втора тава).
5. Поставете омлетите в чинии и сервирайте, гарнирани с босилек.

26. Салата от кус-кус с ягоди

- Приготвяне: 35 мин
- порции 4 **съставки**

- 250 г пълнозърнест кускус (инстантен)
- 40 г стафиди
- сол
- 150 г копринено тофу
- 1 супена лъжица соева напитка (соево мляко)
- 1 ч. л. люспи мая

- 1 с. л. брашно от нахут
- 1 ч. л. тахан
- 1 щипка куркума
- 4 супени лъжици зехтин
- 150 г ягоди
- 40 г рукола (1 шепа)
- 1 стрък мента
- 2 супени лъжици сок от лайм
- 1 ч. л. мед
- пипер
- 1 супена лъжица люспи от бадеми

Подготвителни стъпки

1. Кускусът се смесва със стафидите и се сварява в подсолена вода според указанията на опаковката.
2. Междувременно за ивиците омлет смесете коприненото тофу в купа със соевата напитка, люспите мая, брашното от нахут, пастата от тахан, куркумата и щипка сол. Загрейте 1 супена лъжица олио в тиган, добавете сместа и запържете на среден огън за около 1-2 минути до златисто кафяво. Обърнете и запържете още 1-2

минути до златисто кафяво. Извадете от формата, оставете леко да се охлади и нарежете на фини ивици.

3. Измийте, почистете и нарежете ягодите. Измийте и почистете руколата, изсушете и накъсайте на хапки. Измийте ментата, разклатете подсушете и откъснете листата.
4. За дресинга смесете сока от лайм с меда и останалото масло и подправете със сол и черен пипер. Намачкайте кускуса с вилица и го смесете с дресинга.
5. Разстелете кускуса в плато, отгоре ягодите и руколата, а омлета и ментата. Поръсете с бадеми.

27. Омлет с водорасли

- Приготвяне: 15 минути
- готвене за 20 мин
- порции 4 **съставки**

- 12 яйца
- 50 мл мляко (3,5% маслености)
- сол
- пипер от мелницата
- 1 супена лъжица масло
- 2 листа водорасли нори **Стъпки за приготвяне**

1. Разбийте яйцата с млякото и овкусете със сол и черен пипер. Изпържете един след друг общо 4 много тънки омлета. За да направите това, загрейте малко масло в тиган с покритие. Добавете една четвърт от яйчено-млечната смес и запържете 2-3 минути на умерен огън. Използвайте и останалата част от яйчно-млечната смес.
2. Постелете домакинско фолио върху работната повърхност и наредете омлетите отгоре, леко застъпени, в правоъгълник. Нарежете листата на водораслите с ножица и покрийте омлетите с тях. Покрийте със стреч фолио, притиснете леко и оставете да престои 5 минути.
3. Отстранете капака и завийте омлетите с водорасли плътно на руло с помощта на фолиото. Нарежете останалите изрезки от водорасли на тънки ивици. Нарежете омлетното руло с водорасли на филийки, разпределете в чинии и гарнирайте с ивици водорасли.

28. Омлет със спанак и аспержи

- Приготвяне: 45 мин
- порции 4 **съставки**

- 250 г зелени аспержи
- ½ органичен лимон
- 2 супени лъжици зехтин
- 100 мл зеленчуков бульон
- сол
- пипер
- 125 г пресни листа спанак
- 8 яйца
- 150 мл мляко (1,5% масленост)

- 20 г пармезан (1 бр.; 30% маслености в сухо вещество)
- 200 г пълнозърнест хляб (4 филийки)

Подготвителни стъпки

1. Обелете аспержите в долната третина и отрежете дървесните краища. Изплакнете половината лимон с гореща вода, подсушете, разтрийте кората и изстискайте сока.
2. Загрейте олио в тиган. Запържете аспержите на среден огън за 2-3 минути. Деглазирайте с лимонов сок и бульон, подправете със сол и черен пипер и гответе под капак на слаб огън за 5 минути, докато стане ал денте. След това махнете капака от тигана и оставете течността да се изпари.
3. Междувременно почистете и измийте спанака и го подсушете. Разбийте яйцата с млякото.

Подправете със сол, черен пипер и лимонова кора.

4. Намажете покрит тиган с 1/2 чаена лъжичка масло. Добавете 1/4 от яйчената

смес и разбъркайте, за да се разпредели равномерно. Отгоре поръсете 1/4 от аспержите и спанака. Гответе омлета на среден огън за 5-6 минути и го оставете да покафенее леко. Съхранявайте в предварително загрята фурна на 80°С.
5. От останалата яйчена смес изпечете по същия начин още 3 омлета и ги оставете на топло. Пармезанът се настъргва на ситно. Сгънете омлетите заедно, поръсете със сирене и сервирайте с хляба.

29. Омлет с бекон

- Приготвяне: 30 мин
- готвене за 45 мин
- порции 4 **съставки**

- 150 г бекон за закуска
- 8 яйца
- 8 супени лъжици мляко
- масло за пържене
- 1 с. л. прясно нарязан магданоз 1 с. л. колелца див лук чушка от мелницата

Подготвителни

стъпки

1. Беконът се нарязва на широки ивици, оставя се в горещ тиган, запържва се до хрупкавост, изважда се и се отцежда върху хартиени кърпи.
2. Отворете по 2 яйца в купа и разбъркайте добре с 2 супени лъжици мляко с бъркалка. Намажете горещ тиган с малко масло и изсипете яйчената смес. Бъркайте на слаб огън с шпатула, докато яйцето започне да се сгъстява. Ако е влажно и лъщи на повърхността, поръсете с малко бекон, поръсете с магданоз и див лук, черен пипер, сгънете и сервирайте.

30. Тортила от тиквички и пипер

- Приготвяне: 30 мин
- готвене за 50 мин
- порции 4 **съставки**

- 1 тиквичка
- сол
- 2 червени чушки
- 2 пресни глави лук
- 1 шепа босилек

1 скилидка чесън

2 с. л. зехтин

пипер от мелницата
- 6 яйца
- 4 с. л. разбита сметана
- 50 г прясно настъргано сирене

Подготвителни стъпки

1. Загрейте фурната до 200 ° С горна топлина
2. Измийте и почистете тиквичките, нарежете надлъжно и напречно на пръчици. Посолете и оставете водата да се накисва за около 10 минути. След това подсушете. Чушките се измиват, располовяват, почистват и нарязват на кубчета. Измийте и почистете пресния лук и нарежете по диагонал на кръгчета. Измийте босилека, разклатете го и го нарежете на едро. Чесънът се обелва и нарязва на фини лентички. Запържете с червения пипер и пресния лук в сгорещено олио в голям тиган за 1-2 минути. Добавете пръчиците тиквички и ги задушете за 1-2 минути. Подправете със

☐
☐

сол и черен пипер. Поръсете с босилек. Разбийте яйцата със сметаната и залейте зеленчуците. Оставете да се запече за кратко и поръсете със сиренето. Печете във фурната за 10-15 минути до златисто кафяво и оставете да стегне.

31. Италиански омлет с грах

- Приготвяне: 30 мин
- готвене за 55 мин
- порции 4 **съставки**

- 1 шалот
- 1 чесън
- 40 гр рукола (0,5 връзка)

- 500 г замразен грах
- 7 яйца
- 150 мл бита сметана сол черен пипер
  1 супена лъжица зехтин

Подготвителни стъпки

1. Обелете и нарежете на ситно шалот и чесън. Измийте ракетата, сортирайте и разклатете на сухо. Оставете граха да се размрази.
2. Разбийте яйцата в купа и ги разбийте със сметаната, като овкусите със сол и черен пипер. Загрейте олиото в огнеупорен тиган и запържете шалота и чесъна на среден огън, докато станат прозрачни. Смесете граха и го задушете за кратко. Добавете яйцата и ги оставете да стегнат за кратко. Поставете тавата в предварително загрята фурна на 200 градуса и печете 15-20 минути до златисто. Извадете и сервирайте, нарязани на парчета и гарнирани с рукола.

32. Картофен омлет по испански

- Приготвяне: 40 мин
- порции 4 **съставки**

- 600 гр. картофи ☐ 1 червена чушка
- 1 жълта чушка
- 1 зелена чушка
- 1 ситно нарязана люта чушка
- 200 г спанак
- 8 яйца
  1 лук
  2 скилидки чесън
  зехтин

- сол
- пипер от мелницата

Подготвителни стъпки

1. Обелете и нарежете на кубчета картофите. Запържете бавно в голям тиган с обилно количество зехтин за ок. 15 минути, като от време на време се обръща. Не трябва да приемате боя.
2. През това време измийте, разполовете, почистете и нарежете на кубчета чушките.
3. Лукът и чесънът се обелват и се нарязват на ситно.
4. Измийте, почистете и бланширайте спанака за кратко във вряща подсолена вода. Загасете, изстискайте и нарежете.
5. Извадете картофите от тигана и отстранете излишното масло. Просто запържете лука, чесъна, чилито, спанака и червения пипер в малко масло, извадете. Яйцата се разбиват, смесват се със запържените зеленчуци, овкусяват се със сол, черен пипер и се добавят в тигана. Оставете да

стегне бавно за около 5-6 минути. След това обърнете тортилята с помощта на чиния и запържете другата страна до златисто кафяво. Сервирайте студено или топло, нарязано на парчета.

33. Омлет със сирене

- Приготвяне: 15 минути
- готвене за 22 мин
- порция 1 **съставки**

- 3 яйца
- 2 с. л. разбита сметана
- сол черен пипер от мелницата
- 1 глава пресен лук
- 1 червена люта чушка
- 1 супена лъжица масло
- 2 супени лъжици настъргано сирене или чедър **Стъпки за приготвяне**

1. Загрейте фурната до 220 ° С горна топлина. Смесете яйцата със сметаната и овкусете със сол и черен пипер. Измийте и почистете пресния лук и нарежете на фини колелца. Чушките се измиват, разполовяват, почистват и нарязват на кубчета.
2. В сгорещен тиган сложете маслото и изсипете яйцето. Поръсете с пресен лук и чушки и оставете да стегне за 1-2 минути и печете до златисто кафяво. Завийте на руло и поръсете със сирене. Пече се във фурната за около 5 минути до златисто кафяво.

34. Доматен омлет с овче сирене

- Приготвяне: 20 мин
- порции 4 **съставки**

- 8 яйца
- 100 мл бита сметана
- 3 домата
- 1 супена лъжица масло
- 200 г фета на кубчета
- сол
- пипер от мелницата
- прясно настъргано индийско орехче
- 2 супени лъжици нарязан босилек за гарнитура **Стъпки за приготвяне**

1. Яйцата се разбиват със сметаната и се подправят със сол, черен пипер и индийско орехче. на
2. Измийте и нарежете доматите на четвъртинки, отстранете семките и нарежете на малки кубчета. Попарете леко в сгорещеното масло, добавете кубчетата фета и изсипете яйцата. Разбъркайте, докато омлетът започне да застоява. След това покрийте и оставете да престои на слаб огън за около 2 минути. Нарежете

омлета на четвъртинки и го наредете в чинии. Сервирайте поръсено с босилек.

35. Омлет с фета и зеленчуци

- Приготвяне: 30 мин
- готвене за 55 мин
- порции 4 **съставки**

- 200 г царевица консерва
- 1 аверге
- 2 тиквички
- 300 г чери домати
- 1 скилидка чесън
- 4 супени лъжици зехтин
- сол
- пипер от мелницата
- 1 ч. л. сух риган
- 7 яйца

- 100 мл мляко
- 200 г фета
- босилек за гарнитура

Подготвителни стъпки

1. Измийте и почистете зеленчуците. Отцедете царевицата през цедка. Измийте и почистете патладжа и тиквичките и ги нарежете на пръчици. Измийте и разполовете и доматите. Обелете чесъна и го нарежете на ситно. Загрейте в тиган 2 с.л., запържете чесъна, патладжа, тиквичките и царевицата, продължете да пържите около 4 минути, като разбърквате. След това добавете доматите. Овкусете зеленчуковия микс със сол, черен пипер, риган и оцет и отстранете от котлона.

2. Яйцата се разбиват с млякото, сол и черен пипер. Загрейте останалото масло в тиган. Изсипете 1/4 от яйчената смес и оставете да се стича равномерно, като въртите и накланяте леко тавата. Пържете до златисто от двете страни. Поставете по един омлет върху всяка чиния, покрийте половината със зеленчуковата смес,

прегънете и поръсете с фета люспи. Сервирайте гарнирано с босилек.

36. Фритата с тиквички

- Приготвяне: 10 мин
- готвене за 28 мин
- порции 4 **съставки**

- 2 тиквички
- 1 скилидка чесън
- 1 супена лъжица прясно нарязана мащерка
- 2 супени лъжици зехтин
- сол
- пипер от мелницата
- 5 яйца

- 50 мл бита сметана
- 50 г настърган пармезан

Стъпки на приготвяне

1. Измийте, почистете и нарежете тиквичките. Обелете чесъна и го нарежете на ситно. Смесете тиквичките с листата мащерка и чесъна и ги запържете в сгорещено олио в тиган за 2-3 минути, овкусете със сол и черен пипер. Излейте получената течност.

2. Яйцата се разбиват със сметаната, овкусяват се със сол и черен пипер, заливат се тиквичките и се оставят да престоят 8-10 минути на тих огън. След това обърнете фритата с помощта на голяма чиния, поръсете с пармезан и покрийте и печете 3-5 минути.

3. Нарежете на малки квадратчета за сервиране.

37. Омлети с праз и бекон

- Приготвяне: 50 мин
- порции 4 **съставки**

- 150 г брашно
- 2 яйца
- 250 мл мляко
- 2 ч.ч олио
- олио за пържене
- За плънката
- 75 г гауда ситно настъргана
- 500 г праз лук бял и светло зелен, измит и почистен
- 75 г бекон за закуска, нарязан на ситно

- сол
- пипер от мелницата
- 4 с. л. сирене крем фреш

Подготвителни стъпки

1. Смесете брашното с яйцето, млякото, олиото и солта за тестото и оставете да кисне ок. 30 минути. След това разбъркайте 25 г сирене гауда.
2. Нарежете праза на тънки кръгчета. Запържете бекона в тиган, след това добавете праза и гответе под капак за ок. 8-12 минути. Подправете на вкус със сол, черен пипер и крем фреш,
3. Изпържете 4 омлета от тестото в олио, напълнете с празовата смес, поръсете с останалото сирене и загънете.
4. Печете във фурната на 220°C за ок. 5 минути, сервирайте горещо.

38. Омлет с манго

- Приготвяне: 45 мин
- порции 4 **съставки**

- 2 зрели манго
- 1 органичен лимон
- 2 супени лъжици захар
- 8 яйца
- сол
- 4 с.л брашно
- масло

Подготвителни стъпки

1. Обелете мангото, отрежете пулпата от костилката от двете страни и нарежете на фини филийки. Разтрийте кората на лимона и изстискайте сока.
2. Отделете яйцата и разбийте белтъците на твърд сняг. Смесете жълтъците със захарта, лимоновата кора, добра щипка сол и брашното до кремообразна смес. Разбийте белтъците с бъркалка.
3. През това време загрейте малко масло в малък тиган. Изсипете тестото в тигана с малък черпак (напр. лъжица за сос) и покрийте резените манго. Сложете капак и пържете около 2-3 минути на слаб огън до златисто, обърнете веднъж и пържете около 1 минута, след което извадете и оставете на топло. Изпечете 8 малки омлета един след друг

39. Тортила от чушки и картофи

- Приготвяне: 35 мин. ◻ коксуване за 1 ч. 35 мин
- порции 4 **съставки**

- 700 g предимно восъчни картофи
- сол
- 3 червени чушки
- 1 зеленчуков лук
- 2 скилидки чесън
- 6 яйца
- 200 мл бита сметана с най-малко 30% масленост
- 300 мл мляко

- 100 г прясно настърган пармезан
- пипер от мелницата
- индийско орехче
- 2 супени лъжици растително масло
- мазнина за формата

Подготвителни стъпки

1. Картофите се измиват и се варят в подсолена вода за 20-25 минути. Отцедете, изплакнете със студена вода, обелете и оставете да изстине. Загрейте фурната до 180 ° С горна и долна топлина.
2. Измийте чушките, разполовете, отстранете сърцевината, разполовете хоризонтално и нарежете на широки ленти. След това обелете и нарежете на ситно лука и чесъна.
3. Разбийте яйцата със сметаната, млякото и сиренето и овкусете със сол, черен пипер и индийско орехче. Картофите се нарязват на филийки с дебелина 0,5 см и се запържват в загрят тиган с олио до златиста коричка. Добавят се кубчета лук и чесън, запържват се за кратко и се слагат в намазнена тава с ивиците чушка.

4. Върху него се залива яйченият крем, докато всичко се покрие добре и се пече в предварително загрятата фурна за 30-35 минути до зачервяване. Извадете, извадете от формата, нарежете на кубчета 4х4 см и сервирайте с дървена клечка.

40. Омлети с тиквички

- Приготвяне: 25 мин
- порции 4 **съставки**

- 10 яйца
- 50 мл овесена напитка (овесено мляко)
- 2 супени лъжици прясно нарязан босилек
- сол
- пипер
- 2 тиквички
- 250 г чери домати

- 2 супени лъжици зехтин

Подготвителни стъпки

1. Разбийте яйцата с овесената напитка и босилека. Подправете със сол и черен пипер.
2. Измийте, почистете и нарежете тиквичките на парчета. Измийте и разполовете доматите. Зеленчуците се разбъркват рохко, овкусяват се със сол, черен пипер и се задушават за 1/4 минути всеки в малко сгорещено олио. Изсипете 1/4 от яйцата върху всяко, разбъркайте и пържете за 4-5 минути до златисто кафяво и оставете да стегне. Изпечете и 4-те омлета по този начин и сервирайте.

41. Омлети със зеленчуци, крутони и тофу

- подготовка 30 минути
- порции 2

съставки:

- 250 г копринено тофу
- 6 домата
- 4 филийки пшеничен хляб
- 2 червени сладки чушки
- 2 супени лъжици избистрено масло
- 1 супена лъжица ситно настърган пармезан
- връзка зелен лук

- сол
- млян черен пипер
- **приготвяне** на зелен магданоз :

1. Измийте всички зеленчуци и зеленчуци и ги отцедете от водата. Нарежете доматите на ситно. Почистете чушката от семките и я нарежете на малки кубчета. Нарежете дивия лук и зеления магданоз на ситно. Чукнете яйцата в чаша, смесете ги с щипка сол, черен пипер и настърган пармезан и ги изсипете в сгорещен тиган без мазнина. Всичко се запържва от двете страни, докато яйцата се стегнат напълно. След това извадете от тигана и сложете в чиния.
2. Нарежете тофуто на кубчета и леко ги запържете в 1 супена лъжица избистрено масло в тиган. След като покафенеят, извадете от тигана и поставете върху омлета в чиния. След това добавете към него нарязани зеленчуци и поръсете всичко с наситнен див лук и зелен магданоз. След това запържете филийките пшеничен хляб в останалото избистрено масло в тигана, извадете ги и ги добавете към ястието.

42. Разядка с шунка и омлет

- подготовка до 30 минути
- порции 2

съставки:

- 200 г нарязана шунка
- 4 яйца
- 2 супени лъжици мляко
- 1 супена лъжица пшенично брашно
- сол
- млян черен пипер
- **подготовка** на главата рошава маруля :

1. Нарежете марулята на листа, измийте ги обилно, отцедете ги от водата и ги наредете в тава. Чукнете яйцата в чаша, добавете брашното, щипка сол и черен пипер, добавете млякото и разбийте всичко с вилица.
2. След това се изсипва в сгорещен тиган без мазнина и се пържи от двете страни до пълното втвърдяване на яйцата, след което се сваля от котлона. Изпърженият омлет сложете на филийки шунка, завийте на рула, наредете върху листата на марулята и закрепете с малки клечки за зъби.

43. Зеленчуков омлет

- приготвяне: 30-60 минути
- порции 2 **Съставки:**
- 6 яйца
- 1 червена сладка чушка
- 1 зелен сладък пипер
- 1 глава червен лук
- 1 брой броколи
- 1 супена лъжица пшенично брашно
- 0,5 чаши мляко 2%
- сол

на смлян черен пипер :

1. Измийте всички зеленчуци и ги отцедете от водата. Почистете червената и зелената чушка от семките и нарежете на ситно. Обелете червения лук и го нарежете на тънки филийки.
2. Нарежете броколите на розички, сложете ги в тенджера, залейте с леко подсолена вода, за да не стърчат и ги варете до омекване. След като сварите броколите, ги отцедете.
3. След това разбийте яйцата в чаша, налейте в тях млякото, добавете брашното, щипка сол и черен пипер и ги разбийте добре с бъркалка, след което ги изсипете в термоустойчив съд.
4. Добавете всички предварително нарязани зеленчуци и сварените броколи. Сложете всичко в предварително загрята на 175°C фурна и печете до омекване на зеленчуците.
5. След изпичане извадете от фурната и леко охладете.

44. Омлети с плодове

- подготовка: до 30 минути
- порции 2 **Съставки:**

- 6 яйца
- 1 чаена лъжичка пшенично брашно
- 0,5 чаши мляко 2%
- сол
- връзка див лук

ПЛОДОВЕ:

6 банана

- 1 чаша боровинки **Приготвяне:**

1. Измийте бананите и горските плодове и ги отцедете от водата. Отстранете краищата на бананите, обелете ги, нарежете месото на тънки филийки и сложете в чиния.

Пригответе омлет:

2. счупете яйцата в чаша, налейте млякото в тях, добавете брашното, щипка сол и ситно накълцания лук. Всичко се разбърква добре с вилица, след което се изсипва в сгорещен тиган без мазнина и се пържи на среден огън до пълното стягане на яйцата. След това отстранете от котлона и добавете към бананите в чинията. Поръсете всичко с боровинки.

45. Омлет от патладжан

- подготовка до 30 минути
- порции 2 **Съставки:**

- 4 яйца
- 4 супени лъжици масло
- 2 патладжана
- 2 домата
- 2 скилидки чесън
- 2 лайма
- 1 глава лук
- сол

на смлян черен пипер :

1. Измийте зеленчуците и ги отцедете от водата. Патладжанът се нарязва на филийки с дебелина 1 см. Нарежете доматите на ситно. Обелете лука с чесъна от кожата и нарежете на ситно. Чукнете яйцата в купа и ги разбийте с вилица с щипка сол и смлян черен пипер. Сложете резените патладжани в загрят тиган с 1 супена лъжица олио и ги запържете на среден огън до златисто кафяво. След това ги извадете от огъня и ги съблечете от кожата им. Добавете нарязаните домати, лука и чесъна към разбитите яйца и разбъркайте добре. След това загрейте останалото олио в тиган и към него добавете обелените пържени патладжани. Всичко се залива със смесените яйца и зеленчуци. Запържете всичко от двете страни до златисто кафяво и след като се запържат, отстранете от огъня и сложете в чиния.

46. Омлет със стриди

- подготовка 30-60 минути
- порции 4

съставки:

- 300 г замразени стриди
- 200 мл лют чили сос
- 3 супени лъжици масло
- 2 скилидки чесън
- 2 бананови листа
- 5 яйца
- 0,5 чаши мляко 2%
- зелен магданоз

сол
- на смлян черен пипер :

1. Измийте зелените листенца магданоз и банан и ги отцедете от водата. Поставете банановите листа в чиния. Размразете стридите, отрежете черупките и отстранете неядливите части. След това обелете чесъна от люспите, нарежете го на ситно и го запържете в сгорещено олио в тиган.
2. Към глазирания чесън добавете нарязаните на парчета стриди. Запържете ги на умерен огън до леко златисто. След това чукнете яйцата в чаша, разбийте ги с вилица с млякото, щипка сол, смлян черен пипер и ги изсипете в пържените стриди. Всичко се разбърква добре и се пържат до пълното стягане на яйцата. След това свалете всичко от огъня и го сложете в един бананов лист в чиния. Готовото ястие поръсете със зелен магданоз и сервирайте заедно с чили соса.

47. Ориз с омлет, бекон и цикория

- подготовка 30-60 минути
- порции 4

съставки:

- 25 гр. филийки пушен бекон
- 3 яйца
- 3 супени лъжици масло
- 1 чаша лепкав ориз
- 1 малка пор
- 1 червена цикория
- 1 супена лъжица мляко

1 супена лъжица пшенично брашно
- сол
- пипер

подготовка:

1. Измийте зеленчуците и ги отцедете от водата. След това празът се нарязва на ситно.
2. Нарежете цикорията на тънки филийки. Оставете четирите резена бекон цели, а останалите нарежете на кубчета. Изплакнете ориза под течаща вода, изсипете го в тенджера, налейте две чаши леко подсолена вода, сварете го и го изпарете.
3. Чукнете яйцата в купа, налейте в тях млякото, добавете брашното, щипка сол и черен пипер и разбийте с вилица. Разбитите продукти се изсипват в 1 супена лъжица сгорещено олио в тиган и се пържат до стегнатост.
4. След това ги отстранете от котлона, нарежете ги на ситно и ги смесете със сварения ориз.
5. След това в тиган се загрява останалото олио, добавят се накълцаните бекон и

праз, овкусяват се с подправки на вкус и се запържват до златисто месо.
6. След това добавете към него смесените ориз и омлет, разбъркайте отново и го запържете, покрито, за още една минута.
7. След това време свалете всичко от котлона и го сложете в чиния, като добавите останалите резени бекон. Поръсете всичко с наситнена цикория.

48. Омлет с боб и шунка

съставки:

- 30 г зелен фасул
- 25 г нарязана шунка серано
- 3 супени лъжици зехтин
- 2 скилидки чесън
- 2 супени лъжици майонеза
- 1 чаена лъжичка смлян сладък червен пипер
- 1 пушена люта чушка
- връзка див лук, сол
- пипер
- сол

За омлета:

- 4 яйца
- 2 супени лъжици мляко
- 1 супена лъжица пшенично брашно

Приготвяне:

1. Измийте зеленчуците и ги отцедете от водата. Нарежете дивия лук на ситно. Пушеният пипер се отстранява от семките и се нарязва на ситно. Отстранете краищата на боба, сложете го в тенджера, залейте с 1 л леко подсолена вода, варете до омекване и отцедете. Чесънът се почиства от люспите, нарязва се на малки кубчета и се запържва в 2 супени лъжици сгорещен зехтин в тиган. Към глазирания чесън добавете нарязани, ситно пушени люти чушки, резени шунка и предварително сварен зелен фасул. Запържете, покрити, за 1,5 минути на умерен огън.

2. След това пригответе омлета: сложете яйцата в тенджера, налейте млякото в тях, добавете брашното, щипка сол, черен пипер и разбийте всичко добре с вилица. Изсипете разбитите продукти върху

запържените в тигана съставки. Всичко се запържва до нарязване на яйцата. Готови за сваляне от огъня и поставяне в съда.

3. Поръсете всичко с наситнен див лук.

49. омлет рулада

съставки:

- 6 яйца
- 5 супени лъжици сметана 12%
- 2 супени лъжици брашно
- 15 грама масло
- билкова извара
- зелен грах
- консервирана царевица

- 20 грама настъргано сирене
- зелен копър или магданоз
- сол
- пипер

подготовка:

1. Яйцата се разбиват с натрошеното сирене, сметаната и брашното. Посолява се. Разтопете маслото в тиган и изсипете разбитата маса. Пържат се на силен огън от двете страни, като дъното се бърка с шпатула, за да не загори. Сложете готовия омлет в чиния, намажете го с извара, поръсете с грах, царевица, черен пипер, наситнен копър или магданоз. Навийте на руло и след това нарежете на дебели филийки. Сервирайте топли.

50. Свински омлет

- подготовка до 30 минути
- порции 2

съставки:

- 300 г свинска кайма
- 4 яйца
- 2 супени лъжици масло
- 2 супени лъжици тъмен соев сос
- 2 домата
- 1 глава лук
- 1 зелена краставица

- сол
- на смлян черен пипер :

2. Измийте доматите и краставиците и ги отцедете от водата. Обелете краставицата, след това я нарежете заедно с домата на тънки филийки и сложете в чиния. Лукът се обелва, нарязва се на ситно и се задушава в сгорещено олио в тиган. След глазиране се добавя кайматa, залива се със соевия сос, разбърква се и се запържва до потъмняване на месото. След това чукнете яйцата в чаша, разбийте ги с вилица с щипка сол и черен пипер и ги изсипете върху запърженото месо с лука. Запържете всичко до златисто кафяво на умерен огън от двете страни. След пържене отстранете от котлона и сложете в чиния с нарязани зеленчуци.

51. Омлет с ориз и месо

- подготовка до 30 минути
- порции 2

съставки:

- 350 г телешка и свинска кайма
- 200 г кафяв ориз
- 150 г царевица в саламура
- 4 яйца
- 3 супени лъжици масло
- 2 супени лъжици пикантен кетчуп
- 1 глава лук
- 0,5 чаши мляко 2%
- сол

- черен пипер (млян) **подготовка:**

1. Извадете царевицата от саламурата. Изплакнете ориза под течаща вода, изсипете го в тенджера, налейте 4 чаши леко подсолена вода и гответе до хлабавост.
2. След варенето се изпарява. Лукът се обелва, нарязва се на ситно и се задушава в сгорещено олио в тиган. Към глазирания лук се добавя каймата, подправя се на вкус с щипка сол, смлян пипер, разбърква се добре и се запържва до потъмняване. След това се добавят предварително сварения ориз и отцедената от саламурата царевица. Всичко се разбърква добре и се запържва още 3 минути на среден огън, след което се отстранява от огъня и се слага в чиния.
3. След това разбийте яйцата в чаша, налейте млякото в тях, добавете щипка сол и разбийте добре с вилица. След разбиване се изсипват в сгорещен тиган без мазнина и се варят докато стегнат. След това ги извадете от тигана и добавете към ястието. Залейте всичко с пикантен кетчуп.

52. Омлет от карфиол

- подготовка до 30 минути
- порции 2 **Съставки:**

- 6 яйца
- 2 супени лъжици настъргано сирене Гауда
- 2 супени лъжици масло
- 0,5 чаши мляко 2%
- 1 голям карфиол
- сол
- на смлян черен пипер :

1. Карфиолът се измива, нарязва на розички, слага се в тенджера, залива се с 1,5 л леко подсолена вода и се сварява до омекване.
2. След като сварите карфиола, го отцедете и го сложете в сгорещеното масло в тиган. След това добавете яйцата в чаша, добавете настърганото сирене Гауда, щипка сол и черен пипер, налейте млякото, разбийте добре вилиците и след това изсипете целия карфиол в тигана.
3. Запържете всичко до златисто кафяво и сервирайте готовия омлет топъл.

53. омлет с рикота и пармезан

съставки:

- 200 г сирене рикота ☐ 2 супени лъжици масло
- шепа пресен босилек
- сол
- омлет от прясно смлян пипер :

- 5 яйца
- 1 супена лъжица пшенично брашно
- 1 супена лъжица настърган пармезан
- 1 супена лъжица мляко

подготовка:

1. Измийте босилека и го отцедете от водата. Разтопете маслото в горещ тиган. Добавете сиренето рикота към разтопеното масло и го запържете за 1 минута на умерен огън.

Пригответе омлет:

2. разбийте яйцата в чаша и добавете брашното, настъргания пармезан и щипка сол. След това разбийте добре съставките в чашата с вилица и ги изсипете в запържените съставки в тигана. Запържете всичко, покрито, докато яйцата се стегнат. След това свалете всичко от котлона, украсете с босилек и поръсете с прясно смлян пипер.

54. Картофен омлет

- подготовка 30-60 минути
- порции 4 **Съставки:**

- 6 яйца
- 500 гр. картофи
- 2 супени лъжици масло
- 2 супени лъжици мляко 2%
- 1 глава лук
- 0,5 чаени лъжички подправки за картофи
- сол
- пипер

подготовка:

3. Картофите се измиват добре под течаща вода, слагат се в тенджера, заливат се с вода, за да не стърчат и се варят в люспите им, докато омекнат. След като се свари, го отцедете и нарежете на тънки филийки. След това счупете яйцата в чаша, налейте млякото в тях, добавете щипка сол и черен пипер и ги разбийте заедно с вилица. Обелете лука, нарежете го на малки кубчета и го запържете в сгорещено масло в тиган. Добавете нарязаните картофи към запечения лук, поръсете ги с щипка сол, черен пипер, подправка за картофи и запържете за 40 секунди на среден огън. Изсипете предварително разбитите яйца в запържените продукти, разбъркайте и запържете до стегнатост. След това свалете всичко от огъня.

55. омлет със сирене и соев сос

съставки:

- 15 г настърган пармезан
- 4 яйца
- 2 супени лъжици мляко
- 2 супени лъжици пшенично брашно
- 2 супени лъжици тъмен соев сос
- 0,5 часни лъжички сол
- 0,5 чаена лъжичка смлян черен пипер
- зелен магданоз

Подготовка:

1. Зеленият магданоз се измива, отцежда се от водата и се нарязва на ситно. Набийте яйцата в тенджера, добавете към тях брашното, солта и черния пипер, налейте млякото и разбъркайте всичко с миксер до консистенция на гъста сметана. Смесените съставки се изсипват с лъжица върху сгорещен тиган без мазнина и се запържват от двете страни на среден огън до лек загар.
2. След това се сваля от котлона, поръсва се с настърган пармезан, навива се на руло и отново се слага на среден огън. Запържете, покрити, докато сиренето се разтопи. След това отстранете от огъня, разделете на порции и сложете в чиния. След това поръсете всичко със соев сос и поръсете със ситно нарязан зелен магданоз.

56. Пуешка руладина, омлет и спанак

съставки:

- 4 пуешки гърди
- 250 г замразен спанак
- 4 супени лъжици масло
- 2 супени лъжици пикантен кетчуп
- 1 глава лук
- 0,5 чаени лъжички настъргано индийско орехче
- сол
- пипер

За омлета:

подготовка:

- 4 яйца

- 2 супени лъжици мляко
- 1 супена лъжица пшенично брашно

Приготвяне:

1. Измийте пуешките гърди, отцедете ги от водата, натрошете ги с чукало, наредете ги върху сладкарския плот, намажете ги с пикантен кетчуп от едната страна и поръсете със сол и черен пипер.

Пригответе омлет.

2. Яйцата се разбиват в купа и се разбиват с брашното и млякото. Разбитите съставки се слагат в сгорещен тиган без мазнина и се пържат от двете страни на умерен огън, докато яйцата стегнат.
3. След това свалете от огъня и поставете върху намазаните с кетчуп пуешки гърди. Лукът се обелва, нарязва на малки кубчета и се запържва на 2 с. л. сгорещено олио в тиган.
4. Размразете спанака и го добавете към глазирания лук. Подправете съставките на вкус с щипка сол и черен пипер, добавете настърганото индийско орехче, разбъркайте и оставете да къкри под капак

2 минути на среден огън. След това време отстранете от котлона и добавете към съставките с месото.

5. След това всичко се увива, завързва се с канап, слага се в тава за печене и се полива с 2 супени лъжици от останалия зехтин. Сложете всичко в предварително загрята на 175°C фурна и печете до омекване на месото.

57. Омлет с бекон, картофи и аспержи

- подготовка до 30 минути
- порции 2

съставки:

- 30 г зелени аспержи
- 20 б пушен бекон
- 4 супени лъжици масло
- 4 картофа
- 4 яйца
- 2 супени лъжици мляко
- 2 супени лъжици тежка сметана
- 0,5 чаена лъжичка смлян червен пипер

- сол
- на пипер :

1. Измийте аспержите и ги отцедете от водата. Сложете аспержите в тенджера, добавете 3 чаши леко подсолена вода, варете до омекване и ги отцедете.
2. Картофите се измиват старателно под течаща вода, заливат се с 1 литър вода, варят се в корите до омекване, отцеждат се и се нарязват на тънки филийки. Чукнете яйцата в тенджера и ги разбийте с бъркалка с прясното мляко, щипка сол и черен пипер.
3. Изсипва се в сгорещен тиган без мазнина и се пържи на среден огън, докато стегне. След това свалете от огъня и сложете в чиния. Загрейте олиото в тиган и добавете предварително сварените картофи.
4. Запържете ги до златисто кафяво, след което ги свалете от котлона и ги сложете върху изпържения омлет. Беконът се нарязва на кубчета и се запържва в загрят тиган без мазнина. Добавете сварените аспержи към запечения бекон и гответе 1,5 минути на среден огън. Запържените съставки се отстраняват от котлона и се

добавят към всичко със сметаната. Поръсете всичко със смлян червен пипер.

58. Омлет с крутони и бобови кълнове

съставки:

- 5 г кълнове от боб мунг
- 4 яйца
- 4 филийки препечен хляб
- 3 супени лъжици масло
- 2 скилидки чесън
- 2 супени лъжици вода
- връзка див лук
- сол
- пипер

Подготовка:

1. Бобовите кълнове се попарват с 1 чаша вряща вода и се отцеждат от излишната вода. Измийте дивия лук, отцедете го от водата и нарежете на парчета. Нарежете препечения хляб на едри кубчета.
2. Чесънът се почиства от люспите, нарязва се на ситно и се задушава в сгорещено олио в тиган. Добавете препечения хляб и дивия лук към глазирания чесън и запържете, докато съставките станат златисто кафяви.
3. След това сложете яйцата в тенджера, налейте в тях вода, добавете щипка сол и черен пипер и изсипете цели.
4. Всичко се запържва до нарязване на яйцата. След това добавете предварително попарените бобови кълнове и запържете под капак за 40 секунди. Готовото ястие отстранете от огъня и го сложете в чиния.

59. Омлет с броколи, шунка и крутони

- подготовка до 30 минути
- порции 4

съставки:

- 15 г пушена шунка
- 4 яйца
- 2 супени лъжици масло
- 2 супени лъжици мляко
- 1 брой броколи
- 1 глава лук
- 1 малка багета
- пипер

- сол

подготовка:

1. Броколите се измиват, нарязват се на розички, заливат се с 1 л леко подсолена вода, сваряват се до омекване и се отцеждат.
2. Лукът се обелва от люспите, нарязва се на кубчета и се запържва в 1 супена лъжица сгорещено олио в тиган.
3. Нарежете шунката на кубчета, добавете към глазирания лук и запържете. След това в тенджера се разбиват яйцата с млякото и се изсипват при запържените продукти. Добавете предварително сварените броколи, поръсете с щипка сол и черен пипер и запържете, докато яйцата омекнат.
4. Готови за сваляне от огъня и поставяне в чиния. Франзелата се нарязва на тънки филийки, запържва се в останалото масло от двете страни и се добавя към ястието.

60. Свински пържоли с омлет, ориз и царевица

- подготовка до 30 минути
- порции 2

съставки:

- 200 г царевица в саламура
- 6 супени лъжици масло
- 4 яйца
- 4 свински пържоли без кост
- 2 супени лъжици пикантен кетчуп
- 2 скилидки чесън
- 1 супена лъжица брашно
- 1 супена лъжица мляко

- 1 чаша кафяв ориз
- сол
- пипер

подготовка:

1. Измийте месото, отцедете го от водата и го разделете на порции. Изплакнете кафявия ориз под течаща вода, залейте го с 2 чаши леко подсолена вода и гответе, докато водата се изпари напълно.
2. След това обелете чесъна от люспите, нарежете го на ситно и го задушете в 2 супени лъжици сгорещено олио в тиган. Към глазирания чесън добавете отцедената от туршията царевица и предварително сварения ориз.
3. Подправете съставките на вкус с щипка сол и черен пипер и запържете за 1,5 минути на умерен огън. Пърженото се сваля от котлона и се слага в чиния.
4. Разбийте яйцата в тенджера, след това добавете брашното, налейте млякото, поръсете с щипка сол и разбийте добре всичко с бъркалка.
5. В сгорещен тиган без мазнина се изсипват разбитите яйца и се пържат до стегнатост.

След това отстранете от котлона и добавете към съставките в чинията. Свинските пържоли се поръсват с черен пипер и сол и се запържват от двете страни в останалото сгорещено олио в тигана.
6. Изпържените се отцеждат от мазнината и се добавят към ястието. Залейте всичко с пикантен кетчуп.

61. Френски омлет

съставки:

- 15 г тартар sera Gruyere
- 2 супени лъжици масло
- връзка див лук
- пипер
- **приготвяне** на сол :

1. Измийте дивия лук и го отцедете от водата. Поставете яйцата в тенджера, поръсете ги с щипка сол и черен пипер и разбийте добре с бъркалка. Загрейте маслото в тиган, добавете разбитите яйца и

запържете до стегнатост. След това поръсете цялото с настъргано сирене грюер и наситнен див лук. Всичко се навива на руло с шпатула и се пържи похлупено, докато сиренето се разтопи.

62. Омлет с картофи, аспержи и сирене

- подготовка до 30 минути
- порции 2

съставки:

- 20 г зелени аспержи
- 20 гр. филийки пушен бекон
- 20 г козе извара
- 4 яйца
- 4 картофа
- 2 супени лъжици мляко
- 2 скилидки чесън
- 2 супени лъжици масло

- 1 супена лъжица пшенично брашно
- 0,5 чаена лъжичка смлян червен пипер
- сол
- пипер

подготовка:

1. Измийте зеленчуците и ги отцедете от водата. Чукнете яйцата в тенджера, налейте млякото в тях, добавете брашното, подправете на вкус с щипка сол и черен пипер и разбийте добре с тел.

2. Разбитите съставки се изсипват в сгорещен тиган без мазнина и се пържат, докато всичко се стегне. След това го отстранете от огъня и го сложете в чиния. Нарежете бекона на кубчета.

3. Картофите се обелват и нарязват на тънки филийки. Чесънът се почиства от люспите, нарязва се на парчета и се запържва в сгорещено олио в тиган. Добавете нарязаните картофи и аспержи към глазирания чесън.

4. Поръсете съставките с щипка сол и смлян червен пипер и запържете до

златисто кафяво. След това добавете нарязания бекон и запържете, докато месото стане златисто кафяво. Махнете пържените от котлона и ги сложете върху омлет в чиния.

63. Омлет с картофи, аспержи и

сирене

- подготовка до 30 минути
- порции 4

съставки:

- 20 г зелени аспержи
- 20 гр. филийки пушен бекон
- 20 г козе извара

- 4 яйца
- 4 картофа
- 2 супени лъжици мляко
- 2 скилидки чесън
- 2 супени лъжици масло
- 1 супена лъжица пшенично брашно
- 0,5 чаена лъжичка смлян червен пипер
- сол
- пипер

подготовка:

1. Измийте зеленчуците и ги отцедете от водата. Чукнете яйцата в тенджера, налейте млякото в тях, добавете брашното, подправете на вкус с щипка сол и черен пипер и разбийте добре с тел.
2. Разбитите съставки се изсипват в сгорещен тиган без мазнина и се пържат, докато всичко се стегне. След това го отстранете от огъня и го сложете в чиния. Нарежете бекона на кубчета. Картофите се обелват и нарязват на тънки филийки. Чесънът се почиства от люспите, нарязва се на парчета и се запържва в сгорещено олио в тиган.

3. Добавете нарязаните картофи и аспержи към глазирания чесън. Поръсете съставките с щипка сол и смлян червен пипер и запържете до златисто кафяво. След това добавете нарязания бекон и запържете, докато месото стане златисто кафяво.
4. Махнете пържените от котлона и ги сложете върху омлет в чиния.

64. Омлет с тофу

съставки:

- 40 г коприненo тофу
- 40 г царевица в саламура

- 2 яйца
- 2 листа червена маруля
- 2 чери домата
- 2 супени лъжици мляко
- 2 супени лъжици масло
- 1 супена лъжица царевично нишесте
- връзка дребен лук
- сол
- пипер

подготовка:

1. Измийте зеленчуците и ги отцедете от водата. Сложете марулята и доматите в чиния.
2. Извадете царевицата от саламурата и я изсипете в купа. Добавете тофу и дивия лук, натрошен на ситно.
3. След това налейте млякото в него, добавете царевичния грис и добавете яйцата. Подправете на вкус с черен пипер и сол и разбъркайте добре. След това загрейте олиото в тиган и върху него сложете смесените съставки.
4. Запържете всичко до златисто кафяво от двете страни на среден огън, след което

свалете от котлона и добавете към съставките в чинията.

65. Телешки омлет

съставки:

- 200 г телешка кайма
- 3 супени лъжици масло
- 2 яйца
- 2 супени лъжици тъмен соев сос
- 1 червена чушка
- 1 домат
- 1 зелена краставица
- 1 стрък лук

- 1/2 чаена лъжичка маги
- сол
- пипер

подготовка :

1. Измийте зеленчуците и ги отцедете от водата. Нарежете домата. Обелете краставицата и също я нарежете на филийки.
2. Почистете чушката от семките и я нарежете на малки кубчета. Обелете пресния лук и също нарежете на кубчета.
3. Загрейте олио в тиган, добавете телешка кайма, добавете соев сос, подправете с черен пипер, сол, маги, разбъркайте и запържете, докато месото промени цвета си.
4. След това добавете нарязан пипер и пресен лук и запържете за 2,5 минути. Чукнете яйцата в тенджера, разбийте ги с вилица и ги изсипете при запържените продукти.
5. Овкусява се с подправки на вкус, разбърква се и се пържи до пълното втвърдяване на яйцата. Махнете готовата храна от котлона

и я сложете в чиния. След това към него добавете резенчетата краставица и домат.

66. Омлет с пилешки дробчета

- Подготовка 15мин
- Време за готвене 30мин

съставки

- 6 яйца
- 150 г пилешки дробчета
- 2 шалот
- 3 супени лъжици зехтин
- 1 ч. л. нарязан магданоз, 1 ч. л. нарязан див лук, 1 ч. л. нарязан естрагон
- **Приготвяне** на сол и черен пипер

1. Почистете и нарежете на 4 пилешки дробчета. Обелете и накълцайте шалота.
2. Запържете пилешките дробчета в зехтина и гответе 3-4 минути. След това ги запазете и изпотете шалота на доста мек огън. Смесете ги с дробчетата и запазете.
3. Разбийте яйцата, посолете и поръсете с черен пипер. Пригответе ги в небрежен омлет. Разпределете върху пилешките дробчета и билките.
4. Сгънете омлета и го плъзнете върху чиния за сервиране.

67. Омлет със скариди и гъби

- подготовка до 30 минути
- порции 2 **Съставки:**

- 5 тигрови скариди
- 6 гъби
- 4 яйца
- 3 супени лъжици масло
- 2 скилидки чесън
- 1 червена чушка
- 1 супена лъжица брашно
- 1 супена лъжица млечно зеле за украса сол
- пипер

подготовка:

1. Измийте зеленчуците и гъбите и ги отцедете от водата. Махнете ципите от гъбите и ги нарежете на тънки филийки. Почистете чушката от семките и я нарежете на парчета. Почистете скаридите от негодни за консумация части.

2. Чукнете яйцата в тенджера, изсипете в тях брашното, налейте млякото и разбийте всичко с бъркалка. Чесънът се почиства от люспите, нарязва се на ситно и се запържва в сгорещено олио в тиган. Добавете почистените скариди и нарязаните гъби към глазирания чесън, поръсете с щипка сол и запържете 2,5 минути под капак на среден огън.

3. След това изсипете разбитите яйца към пържените продукти, подправете на вкус с щипка сол, разбъркайте добре и пържете, докато яйцата се стегнат. След това свалете всичко от огъня и го сложете в чиния. Готовото ястие се поръсва с прясно

смлян пипер и се гарнира с къдраво зеле и нарязан червен пипер.

68. Тортила с омлет

съставки:

- 15 г нарязана пушена шунка
- 4 яйца
- 2 тортили
- 2 супени лъжици пшенично брашно
- 2 супени лъжици мляко
- 2 супени лъжици пикантен кетчуп

- 1 глава лук
- 1 супена лъжица масло
  1 връзка див лук
  0,5 чаши хладка вода
- сол
- пипер

подготовка:

1. Накиснете тортила палачинките с хладка вода, след което ги сложете в сгорещен тиган без мазнина и изпържете за 40 секунди от едната страна. Пърженото се сваля от котлона и се слага в чиния. Измийте дивия лук, отцедете го от водата и нарежете на парчета. Разбийте яйцата в купа, добавете нарязаната на ситно шунка. Изсипете брашното, налейте млякото, след това всичко подправете на вкус с черен пипер и сол и разбийте добре с бъркалка. Лукът се обелва, нарязва на малки кубчета и се запържва в сгорещено олио в тиган. Изсипете разбитите продукти в глазирания лук и запържете до

стегнатост (само от едната страна). След това сложете всичко в тортили, залейте с кетчуп и поръсете с наситнен див лук.

70. Омлет със салам и лук

- подготовка: до 30 минути
- порции 2 **Съставки:**

- 15 г салам
- 4 яйца
- 2 супени лъжици черни маслини в саламура
- 2 супени лъжици пшенично брашно
- 2 супени лъжици мляко

- 2 супени лъжици масло
- 1 глава лук
- 1 оранжерийна зелена краставица сол черен пипер

подготовка:

2. Краставицата се измива, отцежда се от водата, нарязва се на тънки филийки, поръсва се с щипка сол и се слага в чиния. Към него добавете нарязаната на ситно бяла извара. Разбийте яйцата в купа, добавете брашното, млякото и разбийте добре с вилица. Почистете лука от люспите, нарежете на тънки филийки, добавете към разбитите яйца с нарязания на кубчета салам и след това разбъркайте всичко. Загрейте олиото в тиган и сипете смесените продукти в лъжица. Подправете на вкус с черен пипер и сол и изпържете първо от едната страна, а когато яйцата стегнат, обърнете и изпържете от другата страна до зачервяване. Изпърженият омлет се сваля от котлона, навива се на руло и се добавя

☐
☐

към краставиците. Добавете отцедените от туршията маслини.

71. Телешки омлет

- подготовка до 30 минути

- порции 2

съставки:

- 200 г телешка кайма
- 3 супени лъжици масло
- 2 яйца
- 2 супени лъжици тъмен соев сос
  1 червена чушка
  1 домат
- 1 зелена краставица
- 1/2 чаена лъжичка Маги
- сол
- пипер

подготовка:

1. Измийте зеленчуците и ги отцедете от водата. Нарежете домата. Обелете краставицата и също я нарежете на филийки.
2. Почистете чушката от семките и я нарежете на малки кубчета. Обелете пресния лук и също нарежете на кубчета. Загрейте олио в тиган, добавете телешка

кайма, добавете соев сос, подправете с черен пипер, сол, маги, разбъркайте и запържете, докато месото смени цвета.

3. След това добавете нарязан пипер и пресен лук и запържете за 2,5 минути. Чукнете яйцата в тенджера, разбийте ги с вилица и ги изсипете при запържените продукти.

4. Овкусява се с подправки на вкус, разбърква се и се пържи до пълното втвърдяване на яйцата. Махнете готовата храна от котлона и я сложете в чиния. След това към него добавете резенчетата краставица и домат.

72. Омлет със сирене и броколи

- подготовка до 30 минути
- порции 2

съставки:

- 6 чери домата
- 5 г настъргано сирене Гауда
- 4 яйца
- 2 супени лъжици пшенично брашно
- 2 супени лъжици мляко
- 2 супени лъжици масло
- 1 брой броколи
- 1 глава червен лук

- кейл за украса
- сол
- пипер

подготовка:

1. Измийте зеленчуците и ги отцедете от водата. Броколите се нарязват на розички, заливат се с 1 л леко подсолена вода, варят се до омекване и се отцеждат.
2. Разбийте яйцата в купа. След това в тях се изсипва брашното, добавя се натрошеното сирене, налива се прясното мляко и всичко се разбърква добре с бъркалка.
3. Лукът се почиства от люспите, нарязва се на кубчета и се запържва в сгорещено олио в тиган. Изсипете смесените съставки в глазирания лук, овкусете с черен пипер и сол на вкус и добавете предварително сварените броколи.
4. Запържете всичко на умерен огън, докато съставките изсъхнат напълно. Готови за сваляне от огъня и поставяне в чиния. Украсете всичко с чери домати и кейл.

73. Омлет в хляб с бекон и билки

съставки:

- 20 г пушен бекон
- 6 филии стар хляб
- 4 яйца
- 1 супена лъжица пшенично брашно
- 1 чаена лъжичка сушена мащерка
- 1 чаена лъжичка майорана
- 0,5 топла вода
- сол
- пипер

подготовка:

1. Отстранете корите от стария хляб и го намокрете с топла вода в купа. Напоеният блат се слага върху форма за торта с диаметър 30 см.
2. Нарежете бекона на малки кубчета и го сложете в купа. Изсипете яйцата в нарязания бекон, добавете брашното, майораната, мащерката, подправете на вкус с щипка сол и черен пипер и разбъркайте добре.
3. Със смесените съставки се изсипва кексовата форма с хляба и се слага във фурната, предварително загрята на 170 градуса. Пече се до пълното омекване на яйцата, след което формичките се изваждат от фурната и се охлаждат леко.

74. омлет със смръчкули и спанак

- подготовка до 30 минути
- порции 2

съставки:

- 40 гр. прясна чубрица
- 4 супени лъжици масло
- 3 яйца
- 2 супени лъжици мляко
- 1 шепа пресен спанак
- 1 глава лук ▢ чушка
- сол

подготовка:

1. Почистете старателно смръчкулите, изплакнете под течаща вода и нарежете на дълги ивици. След това разтопете маслото в тиган и добавете към него нарязаните гъби.
2. Задушете гъбите, покрити, на слаб огън за 20 минути, като разбърквате от време на време. След това към него добавете обеления и нарязан на кубчета лук и запържете за 1,5 минути. Измийте спанака, отцедете водата и добавете към съставките. Чукнете яйцата в тенджера, смесете ги с прясното мляко, щипка сол и черен пипер и ги изсипете при запържените продукти.
3. Всичко се запържва до пълна плътност на яйцата. След това го отстранете от огъня и го сложете в чиния.

75. омлет със скариди и гъби

- подготовка до 30 минути
- порции 2 **Съставки:**

- 5 тигрови скариди
- 6 гъби
- 4 яйца
- 3 супени лъжици масло
- 2 скилидки чесън
- 1 червена чушка
- 1 супена лъжица брашно
- 1 супена лъжица мляко
- кейл за украса

- сол
- пипер

подготовка:

1. Измийте зеленчуците и гъбите и ги отцедете от водата. Махнете ципите от гъбите и ги нарежете на тънки филийки. Почистете чушката от семките и я нарежете на парчета.
2. Почистете скаридите от негодни за консумация части. След това разбийте яйцата в тенджера, изсипете брашното, налейте млякото и разбийте всичко с бъркалка.
3. Чесънът се почиства от люспите, нарязва се на ситно и се запържва в сгорещено олио в тиган. Добавете почистените скариди и нарязаните гъби към глазирания чесън, поръсете с щипка сол и запържете 2,5 минути под капак на среден огън.
4. След това изсипете разбитите яйца към пържените продукти, подправете на вкус с щипка сол, разбъркайте добре и пържете, докато яйцата се стегнат.
5. След това свалете всичко от огъня и го сложете в чиния. Готовото ястие се

поръсва с прясно смлян пипер и се гарнира с къдраво зеле и нарязан червен пипер.

76. Марокански омлет

- Време за готвене 15 до 30 мин
- порции 4 **съставки**

- 2 супени лъжици зехтин
- 2 шалот (ситно нарязани)
- 4 домата (средни, без костилки, нарязани на кубчета)
- 1 чаена лъжичка Ras el-Hanout (мароканска смес от подправки)
- 8 яйца
- 2 супени лъжици кориандър (пресен, нарязан)
- морска сол

- **Приготвяне** на пипер (от мелницата).

1. Първо загрейте зехтина в тиган (с желязна или дървена дръжка). Запържете в него шалот, добавете нарязаните на кубчета домати, подправете с рас ел-ханут, морска сол и черен пипер.
2. Чукнете внимателно яйцата в тигана и ги запържете във фурната на 180°C за 8-10 минути. Поръсете мароканския омлет с прясно нарязан кориандър и люспи морска сол.

77. Омлет от козе сирене с босилек

- Време за готвене По-малко от 5 минути
- Порции 4 **съставки**

- 4 яйца
- сол
- пипер
- 200 г сирене (козе)
- 2 супени лъжици босилек (едро нарязан)
- 60 г масло

подготовка

2. Разбийте яйцата в купа за омлета с козе сирене, подправете със сол и черен пипер и разбийте всичко добре. Козето сирене се нарязва на кубчета и се смесва с яйцата заедно с прясно накълцания босилек.

3. Загрейте половината от маслото в тиган, изсипете половината от яйчената смес и завъртете тигана, за да се разпредели сместа равномерно. Намалете котлона малко. Оставете омлета да стегне бавно, прегънете го през средата и го поставете върху предварително загрята чиния.

4. Пригответе и сервирайте второто козе сирене

   омлет по същия начин.

78. Омлет от див чесън

- Време за готвене 5 до 15 мин
- Порции: **4 съставки**

- 1 шепа див чесън
- 2 месни домата
- 1/2 тиквичка
- 8 яйца
- 80 г Ементалер (или друго планинско сирене)
- 2 стръка мащерка
- 3 стръка магданоз
- Масло
- Рапично олио
- сол

• **Приготвяне** на пипер (прясно смлян).

1. Изплакнете листата див чесън със студена вода, изсушете и нарежете на ситно за омлета от див чесън. Измийте доматите и тиквичките и ги подсушете, отстранете корените и дръжките на тиквичките. Нарежете зеленчуците на кубчета.
2. Загрейте малко масло и рапично олио в тиган, задушете нарязаните на кубчета зеленчуци и дивия чесън.
   Сваля се от котлона.
3. Разбийте яйцата в купа и овкусете със ситно нарязаните билки, сол и черен пипер. Сега разбъркайте едро настърганото сирене. Загрейте олиото в голям тиган и изсипете яйчената смес. Оставете леко да стегне, отгоре наредете задушените зеленчуци и загънете омлета. Обърнете веднъж, разделете на порции и сервирайте омлета от див чесън в чинии.

79. Омлет с шунка и сирене

съставки

- 1 яйце
- 1/2 ч. ч. брашно
- 2 супени лъжици мляко
- 50 г Едам
- 1 филийки шунка (нарязани на фини ивици)
- 1/4 чаена лъжичка подправка чили
- сол
- масло
- 1/2 домати
- 1 стрък(а) магданоз

Яйцето се разбива добре. Добавете сиренето, млякото, брашното, шунката и подправките и разбъркайте добре.
2. Изсипете яйчената смес в загрят, намазнен тиган и оставете да стегне. Отгоре се нареждат резените домати и се загряват още 1-2 минути.
3. Гарнирайте с магданоз.

подготовка

1.

80. Котидж омлет

- Време за готвене 15 до 30 минути

съставки

- 3 яйца
- 1 супена лъжица вода (топла)
- 1 с.л брашно (на купа)
- малко магданоз (нарязан)
- 1 щипка сол
- малко пипер
- 2 супени лъжици лук (печен)
- 1 шепа бекон (нарязан)

• 5 филийки сирене (пикантни) За котидж омлета първо смесете всички съставки с изключение на сиренето.
2. Загрейте малко олио в тиган (20 см Ø) и изсипете тестото. Покрийте и запечете долната страна до кафяво на умерен огън. Горната страна трябва да е твърда, преди да се обърне.
3. След като обърнете, разрежете на две, покрийте едната страна със сирене и оставете сиренето да се разтопи. Оставете долната страна да покафенее отново. След това сгънете двете половини на котидж омлета заедно.

подготовка

1.

81. Картофен омлет със сирене

- Време за готвене 15 до 30 мин
- порции 4 **съставки**

- 1 кг картофи
- 2 глави лук (нарязани)
- 50-100 г бекон на кубчета
- 50-100 г гауда (нарязана на малки кубчета или настъргана)
- масло
- 6 яйца
- сол
- пипер

За картофения омлет сварете картофите около 20 минути, обелете ги и ги нарежете на филийки.

2. Лукът и беконът, нарязан на кубчета, се запържват в малко масло, добавят се картофите и се запържват, докато станат хрупкави.

3. Яйцата се разбъркват с малко сол и черен пипер, добавят се кубчетата сирене и с тази смес се заливат картофите. Пържете докато сместа се сгъсти.

4. Готовият картофен омлет извадете от тигана, гарнирайте с магданоз, ако е необходимо и сервирайте.

подготовка

1.
82. омлет с лисички

съставки

- 2 стръка пресен лук
- 2 бр. лук
- 2 супени лъжици масло
- 100 г шунка (варена)
- 400 г лисички (пресни)
- Лимонов сок)
- сол
- пипер
- 1 щипка индийско орехче
- 2 връзки магданоз (нарязан)

За омлетите:

- 8 яйца

- 500 мл мляко

- масло
- 2 връзки див лук (нарязан)

подготовка

1. За омлета с лисички почистете пресния лук със зелените и нарежете на лентички.
2. Обелете лука и го нарежете на ситни кубчета. Задушете пресния лук и лука в маслото, докато станат прозрачни. Добавете шунката, нарязана на малки лентички или кубчета към лука.
3. Почистете лисичките и ги нарежете на дребно по желание. Полейте с малко лимонов сок и добавете към шунката. Подправете със сол, черен пипер и индийско орехче и продължете да пържите.
4. В края на времето за готвене овкусете отново обилно, сложете магданоза и го пригответе.
5. За омлетите разбийте яйцата с прясното мляко.
6. Изпечете омлетите на порции. За целта запържете сместа от по 2 яйца за кратко в маслото и след това оставете 1-2 минути на затворен капак.

7. Залейте със сместа от пачи крак, разбийте и поръсете с див лук и поднесете на масата.

83. омлет със скариди

съставки

- 4 яйца
- 1/2 пръчка (и) праз
- 1 връзка див лук
- 250 г скариди
- сол
- 1 супена лъжица лимонов сок
- 1 скилидка(и) чесън
- пипер

ПОДГОТОВКА

1. За омлета със скариди празът се нарязва на ситно.
2. Разбийте яйцата, добавете праза, сол и черен пипер. Загрейте малко масло в тиган и добавете разбитата яйчена смес.
3. Оставете да стегне за около 3 минути, след което завъртете омлета за кратко и го оставете да се готви.
4. Загрейте малко масло в отделен тиган.
5. Накълцайте чесъна и го запържете за кратко със скаридите. Овкусете с лимонов сок, сол и черен пипер и поднесете омлета със скариди.

84. Омлет с пълнеж от фета

- Приготвяне: 40 мин
- порции 2 **съставки**

- 1 шалот
- 4 яйца
- сол
- черен пипер от мелницата
- 4 с. л. сирене крем фреш
- 2 ч. л. горчица
- 2 ч.л лимонов сок
- 2 с. л. ситно нарязан босилек
- 2 супени лъжици масло
- 100 гр

- фета
- босилек

Подготвителни стъпки

6. Обелете и нарежете на ситно шалот. Отделете яйцата. Разбийте белтъците с щипка сол на твърд сняг. Жълтъците се разбиват с 2 супени лъжици крем фреш, горчицата, лимоновия сок и ситно нарязания босилек. Овкусете със сол и черен пипер, добавете белтъците на рохко.

7. Разтопете половината от маслото в тиган с незалепващо покритие. Добавете половината шалот и задушете. Добавете половината от омлетната смес и гответе 6-8 минути, докато долната страна стане златистокафява и повърхността се сгъсти, докато покривате тигана. След това дръпнете тигана от котлона.

8. Намажете омлета с 1 супена лъжица крем фреш и покрийте с половината от натрошената фета, подправете със сол и черен пипер и прегънете омлета с помощта на шпатула.

9. По същия начин изпечете и втория омлет

(може и във втора тава).
10. Поставете омлетите в чинии и сервирайте гарнирани с босилек.

85. омлет с плодове

- подготовка: до 30 минути
- порции 2 **Съставки:**

- 6 яйца
- 1 чаена лъжичка пшенично брашно
- 0,5 чаши мляко 2%
- сол
- връзка див лук

ПЛОДОВЕ:

- 6 банана
- 1 чаша боровинки **Приготвяне:**

3. Измийте бананите и горските плодове и ги отцедете от водата. Отстранете краищата на бананите, обелете ги, нарежете месото на тънки филийки и сложете в чиния.

Пригответе омлет:

4. счупете яйцата в чаша, налейте млякото в тях, добавете брашното, щипка сол и ситно накълцания лук. Всичко се разбърква добре с вилица, след което се изсипва в сгорещен тиган без мазнина и се пържи на среден огън до пълното стягане на яйцата. След това отстранете от котлона и добавете към бананите в чинията. Поръсете всичко с боровинки.

86. Омлет със спагети

съставки

- 5 яйца
- 150 г спагети
- 30 г пармезан (прясно настърган)
- 30 г масло
- 1 щипка индийско орехче (настъргано)
- Морска сол
- Пипер

Подготовка

1. Сварете и прецедете спагетите според желанието на опаковката.

2. Разбийте яйцата в купа. Разбъркайте пармезана и подправете със сол, черен пипер и щипка индийско орехче.
3. Смесете сварените спагети и разбъркайте добре.
4. Половината от маслото се запържва в тиган и макаронената смес се запържва на златисто, без да се разбърква.
5. Разтопете останалото масло върху омлета. Обърнете омлета и изпържете от другата страна до хрупкавост.
6. Порционирайте и сервирайте горещо.

87. Билков омлет

съставки

- 12 яйца
- 12 с. л. билки (по избор, измити, нарязани на ситно)
- 6 супени лъжици масло
- 1 супена лъжица брашно
- 1/8 л мляко
- сол
- пипер
- 2 супени лъжици пармезан (или друго твърдо сирене на вкус)

Подготовка

1. Първо разтопете маслото в тиган за билковия омлет и леко задушете билките на слаб огън. Внимание: Билките в никакъв случай не трябва да покафеняват!
2. Междувременно разбъркайте яйцата със сол, черен пипер, пармезан, брашно и мляко в течно тесто за палачинки. Изсипете внимателно върху билките, разбъркайте добре. Когато отдолу се образува твърда коричка, обърнете тестото и печете. (Добавете малко масло на вкус, за да стане и другата страна хрупкава.)
3. Подредете и сервирайте билковия омлет в чинии.

88. Градински пресни омлети

съставки

- 1 ⅓ чаши едро нарязани домати, отцедете
- 1 чаша едро нарязана краставица без костилки
- Половин зряло авокадо, разполовено, почистено от семките, обелено и нарязано
- ½ чаша грубо нарязан червен лук (1 среден)
- 1 скилидка чесън, наситнена
- Нарежете 2 с. л. пресен магданоз
- 2 супени лъжици червен винен оцет
- 1 супена лъжица зехтин
- 2 яйца

- 1½ чаши охладен или замразен яйчен продукт, размразен
- ¼ чаша вода
- 1 супена лъжица нарязан пресен риган или 1 чаена лъжичка сушен риган, натрошен
- ¼ чаена лъжичка сол
- ¼ чаена лъжичка смлян черен пипер
- ⅛ чаена лъжичка счукан червен пипер
- ¼ чаша натрошено сирене фета с намалено съдържание на мазнини

Подготовка

1. За салса разбъркайте заедно доматите, краставицата, авокадото, лука, чесъна, магданоза, оцета и 1 чаена лъжичка масло в средна купа.

2. Разбийте яйцата, яйчния продукт, водата, ригана, солта и черния пипер в средна купа и натрошете червения пипер. За всеки омлет загрейте 1/2 чаена лъжичка от останалото олио на среден огън в 8-инчов незалепващ тиган. Тиган с 1/2 чаша от яйчената смес. Разбъркайте яйцата с шпатула, докато сместа изглежда като пържени парченца яйце, заобиколени от течност. Спрете да бъркате, но продължете

да готвите, докато стегне яйцето. 1/3 чаша лъжица салса върху едната страна на пържената яйчена смес. Извадете омлета от тигана; гънка препълване. Повторете, за да направите общо четири омлета.

3. Сервирайте на омлет с една четвърт от остатъка от салсата. Поръсете по 1 супена лъжица сирене фета с всеки омлет.

89. Тост с авокадо и омлет

Съставка

- 1 средно зряло авокадо
- 2 супени лъжици сок от лайм или на вкус
- 1-2 ситно нарязан пресен лук
- 3/4 чаена лъжичка кошерна сол или на вкус
- 3/4 ч. л. прясно смлян черен пипер, вкус
- Хляб с две филии в майсторски стил (дебелият хляб е по-ефективен и понякога се нарича „тексаски тост" или „френски тост")
- 2 супени лъжици несолено масло
- 2 големи яйца

- Овкусете сол и прясно смлян черен пипер

Упътвания

1. Добавете авокадо, сок от лайм, див лук, кошер сол, прясно смлян черен пипер, намачкайте авокадото с вилица и разбъркайте с вилица в средна купа; заделени.
2. Изрежете кръг от 2,5 до 3" с форма за бисквити или чаша от средата на всяка филия хляб.
3. Прикрепете маслото и гответе на средно слаб огън, за да се разтопи в голям незалепващ тиган.
4. Прикрепете яйцето, кръгчетата яйца и гответе от първата страна до златисто кафяво, около 1 до 2 минути.
5. Обърнете всичко, чукнете по едно яйце във всяка дупка на хляба и овкусете яйцата със сол и черен пипер.
6. Покрийте тигани и гответе за 3 до 6 минути, докато са необходими яйца. Гответе хляба по-бързо от яйцата (за около 1 до 2 минути); извадете ги от тигана веднага щом станат златисто

кафяви и ги сложете в чиния. Поставете яйцето в дупка и сложете върху чинията.

7. Разпределете сместа от авокадо равномерно върху кръгчета хляб и яйце и сервирайте веднага. Рецептата е по-хладна и по-свежа по-силна.

90. Омлет от тиквички с билки

съставки

- 300 г дребно колъраби (1 дребно колъраби)
- 1 супена лъжица ябълков оцет
- 1 ч.л орехово масло
- 2 яйца
- сол
- 125 г тиквички (0,5 тиквички)

- 1 стрък копър
- 1 стрък магданоз
- 1 карта. сушена мащерка
- пипер
- 100 г чери домати
- 2 ч.л зехтин
- 15 г кедрови ядки (1 супена лъжица)
- 10 г рендосано сирене пармезан (1 супена лъжица; 30% маслености в сухо вещество)

Подготвителни стъпки

1. Колрабите се почистват, измиват, обелват, нарязват на много ситно, разбъркват се и се отделят с оцета и ореховото масло.
2. През това време разбийте, посолете и чукнете яйцата в купа. Почистете тиквичките, измийте и нарежете на тънки филийки. Измийте магданоза и копъра и ги разклатете. Нарежете магданоза и половината копър, нанесете мащерката и черния пипер върху яйцата и подправете с.
3. Измийте домати с череша. Загрейте една чаена лъжичка олио в тенджера. Добавете чери доматите и запържете на среден огън

за 4 минути. Извадете и оставете настрана от тигана.
4. Сложете резените тиквичка в тигана и ги задушете на среден огън за 4 минути. Залейте със сместа от яйца и оставете да се охлади за 4-5 минути.
5. Сгънете омлета, поставете маринованите колраби на вълни в чиния и завийте до него. Добавете доматите и поръсете омлета с кедровите ядки, пармезана и останалия копър.

91. Пълнозърнест хляб с омлет и печен боб

съставки

- 400 г печен боб (от консерва)

- 3 стръка магданоз
- 6 яйца
- сол
- пипер
- 2 супени лъжици масло
- 200 г краставица
- 4-ти домати
- 4 филийки пълнозърнест хляб

Подготвителни стъпки

1. Сложете запечения боб в тенджера и го загрейте на среден огън.
2. Междувременно измийте магданоза, подсушете, нарежете на ситно и разбийте заедно с яйцата, солта и черния пипер.
3. Загрейте маслото в покрит тиган. Добавете яйцата и ги оставете да се готвят на умерен огън.
4. Почистете, измийте и нарежете краставицата на тънки филийки. Почистете, измийте и нарежете доматите. Подредете хляб с печен боб, омлет, краставица и домат.

92. Омлет от аспержи и шунка с картофи и магданоз

съставки

- 200 г нови картофи
- сол
- 150 г бели аспержи
- 1 глава лук
- 50 г брезаола (италианска телешка шунка)
- 2 стръка магданоз
- 3 яйца
- 1 супена лъжица рапично масло
- пипер

Подготвителни стъпки

1. Измийте добре картофите. Варете във вряща подсолена вода за ок. 20 минути, отцедете и оставете да изстине. Докато картофите се варят, обелете аспержите, отрежете долните вдървенели краища. Сварете аспержите в подсолена вода за около 15 минути, извадете ги от водата, отцедете ги добре и оставете да изстинат. Лукът се обелва и нарязва на ситно.
2. Аспержите и картофите се нарязват на ситно.
3. Нарежете брезаолата на лентички.
4. Измийте магданоза, разклатете подсушете, откъснете листа и нарежете. Яйцата се разбиват в купа и се разбъркват с наситнения магданоз.
5. Загрейте олиото в тиган с покритие и задушете кубчетата лук на средно висока температура, докато станат прозрачни.
6. Добавете картофите и продължете да печете за 2 минути.

7. Добавете аспержите и запържете за 1 минута.
8. Добавете брезаолата и подправете всичко със сол и черен пипер.
9. Сложете яйцата в тенджера и похлупете и оставете да къкри 5-6 минути на слаб огън. Извадете от тигана и сервирайте веднага.

93. Омлет от козе сирене с рукола и домати

- Приготвяне: 15 минути **съставки**
- 4 протеини
- 2 яйца
- 1 малка шепа рукола
- 2 домата
- 1 ч. л. зехтин
- сол
- пипер
- 50 г младо козе сирене

Подготвителни стъпки

1. Отделете 4 яйца и сложете белтъците в купа (използвайте жълтъци другаде). Добавете останалите 2 яйца и разбийте всичко с бъркалка.
2. Измийте руколата, изсушете и я нарежете на едро с голям нож.
3. Измийте доматите, изрежете краищата на дръжките във формата на клин, а доматите нарежете на филийки.
4. Загрейте намазан тиган (24 см) и намажете с олиото.
5. Добавете разбитата яйчена смес. Подправете със сол и черен пипер.
6. Запечете леко на среден огън (яйцето все още трябва да е малко течно) и обърнете с помощта на чиния.
7. Натрошете козе сирене върху омлета с пръсти. Сложете омлета в чиния, отгоре наредете резенчета домат и поръсете руколата. Пълнозърнестият тост върви добре с това.

94. Омлет със сирене и билки

- Приготвяне: 5 мин
- готвене за 20 минути **съставки**
- 3 стръка кервиз
- 3 стръка босилек
- 20 г пармезан
- 1 шалот
- 8 яйца
- 2 с. л. сирене крем фреш
- 1 супена лъжица масло
- 150 г овче сирене
- сол
- пипер

Подготвителни стъпки

1. Измийте кервиза и босилека, разклатете ги и ги нарежете на едро. Настържете пармезана. Обелете и нарежете на ситно шалота. Разбийте яйцата с крем фреша, пармезана, керевиз и половината босилек.

2. Разтопете маслото в огнеупорен тиган, запържете шалот, налейте яйцата и натрошете сиренето фета. Печете в предварително загрята фурна на 200°C (конвекция 180 °C, газ: ниво 3) за около 10 минути до златисто.

3. Извадете от фурната, подправете със сол и черен пипер, поръсете с останалия босилек и се насладете.

95. Омлет с риба тон

съставки

- 1 капка мляко
- 0,5 консерва (и) риба тон
- 0,5 глави лук (малки)
- малко босилек
- малко риган
- някакъв солен **препарат**

1. Разбийте яйцата с малко мляко за омлета с риба тон и подправете със сол и черен пипер. Загрейте олиото в тиган и добавете яйчената смес.
2. Оставете да стегне за няколко минути. След това отгоре разпределете рибата тон

и кръгчетата лук. Накрая отгоре поръсете малко босилек и риган.

96. Омлет с кюфте

съставки

- 3 супени лъжици сирене (настъргано)
- 1 филия (филии) рулет
- 1 глава лук (малка)
- сол
- див лук
- **Приготвяне** на масло (за пържене).

1. За омлета с питка първо счупете яйцата и ги разбийте. След това нарежете питката

на малки парчета. Накрая нарежете лука на ситно.

2. Загрейте олиото в тиган и изпържете питката. Залейте с яйцата и оставете да стегне малко. Поръсете настъргания кашкавал, сложете върху лентите лук и допържете.

3. Овкусете със сол и черен пипер и поръсете с див лук.

97. Здравословен омлет

съставки

- 4 бр яйца
- 1 домат
- 1 глава лук (малка)
- 1 скилидка чесън (малка)
- Билки (пресни, босилек или див лук)
- Подправка червен пипер
- сол
- Пипер (мелничка за реклами)

подготовка

1. Смесете яйцата в купа и добавете нарязаните билки, малко червен пипер, сол и черен пипер за омлета.
2. Нарежете домата и лука на кубчета. Сега запържете лука с олио или масло, докато станат прозрачни. След това добавете доматите и чесъна и продължете да пържите за кратко.
3. След това добавете съдържанието на тигана към яйцата в купата и разбъркайте всичко. Запържете половината на умерен огън, за да направите омлет.
4. Когато омлетът е изпържен от едната страна (и обърнат), можете да го поръсите с малко сирене, ако желаете и след това да сгънете омлета.
5. След това направете същото с останалата част от масата.

Накрая подредете и сервирайте омлета.

98. Пица омлет

съставки

За омлета:

- 3 яйца (органични, т)
- 1 шот минерална вода
- 1 чаша мляко (органично)
- 1/2 чаена лъжичка сол
- Пипер (от мелницата)
- 1 чаена лъжичка масло (органично)

За покриване:

- 1 бр домати (био)
- 50 г фета (био)
- 1/2 моцарела (био)
- босилек
- Билки (по желание)

ПОДГОТОВКА

1. Нарежете доматите и моцарелата на филийки, фетата леко натрошете, босилека нарежете грубо на ивици. Накълцайте пресни билки. Разбийте всички съставки за омлета.

2. Загрейте маслото в по-малък тиган, изсипете яйчената смес и оставете да стегне. Когато яйчената смес се втвърди, внимателно я обърнете и запържете за кратко от другата страна.

3. Загрейте фурната до прибл. 200 ° С горна/долна топлина. Поставете готовия омлет върху тава, покрита с хартия за печене.

4. Отгоре намажете омлета с останалите продукти и запечете за около 10 минути, докато сиренето се разтопи.

5. Подредете и поднесете пицата омлет.

99. Омлет с ябълки и бекон

- Време за готвене 5 до 15 минути
- Порции: 2 **съставки**
- 6 яйца
- 70 мл бита сметана
- сол
- чили
- 1 чаена лъжичка див лук
- 1 ябълка
- 150 г бекон **заготовка**

1. За омлета с ябълки и бекон запържете леко нарязания бекон в тиган, след което извадете от тигана и оставете настрана.

2. Отстранете сърцевината на ябълката и я нарежете на кръгчета с дължина прибл. 4 мм дебелина. Също така се запържват в тигана.
3. Смесете яйцата с разбитата сметана и подправките между тях. Върнете ябълките и бекона в тигана, залейте с яйчената смес и оставете да стегне на среден огън при затворен капак.
4. Подправете с прясно настърган черен пипер.

100. Веган омлет

- Време за готвене 5 до 15 мин
- Порции: 2 **съставки**
- 1 глава лук
- 400 г тофу
- **Приготвяне** на зеленчуци (на вкус).

1. За веган омлета лукът се нарязва на ситно и се запържва в олиото. Запържете зеленчуците (домати, чушки, гъби и др.).
2. Пюрирайте тофуто с щипка соев братовчед или вода, сол, черен пипер или куркума. Сложете пюрираното тофу, запържете го и сервирайте веган омлета с пресни кълнове.

ЗАКЛЮЧЕНИЕ

Не забравяйте, че тези рецепти са единствени по рода си, така че бъдете готови да опитате някои нови неща. Освен това имайте предвид, че стилът на готвене, използван в тази готварска книга, е прост. Така че, въпреки че рецептите ще бъдат уникални и вкусни, те ще бъдат лесни за изпълнение!

CPSIA information can be obtained
at www.ICGtesting.com
Printed in the USA
LVHW080714140223
739387LV00009B/988